MULHERES QUEREM SEXO,
HOMENS SEMPRE TÊM DOR DE CABEÇA

Christian Thiel

MULHERES QUEREM SEXO, HOMENS SEMPRE TÊM DOR DE CABEÇA

Destruindo os Mitos sobre Sexo e Relacionamentos Amorosos

Tradução
Karina Jannini

Editora
Cultrix
SÃO PAULO

Título do original: *Wieso Frauen Immer Sex Wollen und Männer Immer Kopf Schmerzen Haben.*
Copyright © 2014 Südwest Verlag.

Uma divisão da Verlagsgruppe Random House GmbH, Munique, Alemanha – www.randomhouse.de.
Este livro foi negociado através da Ute Körner Literary Agent, S.L.U., Barcelona – www.uklitag.com
Copyright da edição brasileira © 2017 Editora Pensamento-Cultrix Ltda.

Texto de acordo com as novas regras ortográficas da língua portuguesa.

1ª edição 2017.

Todos os direitos reservados. Nenhuma parte desta obra pode ser reproduzida ou usada de qualquer forma ou por qualquer meio, eletrônico ou mecânico, inclusive fotocópias, gravações ou sistema de armazenamento em banco de dados, sem permissão por escrito, exceto nos casos de trechos curtos citados em resenhas críticas ou artigos de revistas.

A Editora Cultrix não se responsabiliza por eventuais mudanças ocorridas nos endereços convencionais ou eletrônicos citados neste livro.

Observação: o presente livro foi cuidadosamente elaborado. Contudo, as informações aqui apresentadas não oferecem nenhuma garantia. O autor e a editora se reservam o direito de isenção de responsabilidade por eventuais danos ou prejuízos que possam resultar das indicações fornecidas no livro.

Editor: Adilson Silva Ramachandra
Editora de texto: Denise de Carvalho Rocha
Gerente editorial: Roseli de S. Ferraz
Preparação de originais: Alessandra Miranda de Sá
Produção editorial: Indiara Faria Kayo
Editoração Eletrônica: Join Bureau
Revisão: Bárbara Parente

Dados Internacionais de Catalogação na Publicação (CIP)
(Câmara Brasileira do Livro, SP, Brasil)

Thiel, Christian
  Mulheres querem sexo, homens sempre têm dor de cabeça: destruindo os mitos sobre sexo e relacionamentos amorosos/Christian Thiel; tradução Karina Jannini. – São Paulo: Cultrix, 2017.

  Título original: Wieso Frauen immer Sex wollen und Männer immer Kopfschmerzen haben: populärsten Irrtümer über Beziehung und Liebe.
  Bibliografia.
  ISBN: 978-85-316-1419-4

  1. Autoajuda 2. Relacionamentos 3. Relações interpessoais 4. Sexo (Psicologia) I. Título.

17-05968   CDD-155.34

Índices para catálogo sistemático:
1. Sexo : Relacionamentos : Psicologia sexual 155.34

Direitos de tradução para o Brasil adquiridos com exclusividade pela
EDITORA PENSAMENTO-CULTRIX LTDA., que se reserva a
propriedade literária desta tradução.
Rua Dr. Mário Vicente, 368 — 04270-000 — São Paulo, SP
Fone: (11) 2066-9000 — Fax: (11) 2066-9008
http://www.editoracultrix.com.br
E-mail: atendimento@editoracultrix.com.br
Foi feito o depósito legal.

SUMÁRIO

PREFÁCIO 9

SEXUALIDADE 17

   EQUÍVOCO Nº 1: "OS HOMENS SÓ PENSAM NAQUILO." 19

   EQUÍVOCO Nº 2: "O SEXO SERVE PARA A PROCRIAÇÃO." 27

   EQUÍVOCO Nº 3: "A SEXUALIDADE É UMA PULSÃO." 35

   EQUÍVOCO Nº 4: "BRINQUEDOS ERÓTICOS E LINGERIES
                            REAQUECEM O EROTISMO." 39

   EQUÍVOCO Nº 5: "SEMPRE DÁ PARA FAZER SEXO, MESMO
                            SOB ESTRESSE." 45

   EQUÍVOCO Nº 6: "QUANDO UM PARCEIRO QUER MAIS SEXO
                            DO QUE O OUTRO, NÃO HÁ O QUE FAZER." 51

   EQUÍVOCO Nº 7: "AS PRINCIPAIS CAUSAS DOS PROBLEMAS
                            DE EREÇÃO SÃO FÍSICAS." 57

EQUÍVOCO Nº 8: "A CURVA DO DESEJO DECAI INEVITAVELMENTE EM RELACIONAMENTOS DE MUITOS ANOS." 63

EQUÍVOCO Nº 9: "COM SEXO NÃO SE RESOLVE NENHUM PROBLEMA." 67

EQUÍVOCO Nº 10: "UM CASO EXTRACONJUGAL PODE ANIMAR O RELACIONAMENTO." 73

EQUÍVOCO Nº 11: "NÃO É PRECISO FALAR SOBRE SEXO." 83

EQUÍVOCO Nº 12: "PRIMEIRO VEM O DESEJO, DEPOIS, O SEXO." 87

EQUÍVOCO Nº 13: "NO SEXO, TUDO DEPENDE DA QUALIDADE." 93

EQUÍVOCO Nº 14: "OS HOMENS SEMPRE PODEM E QUEREM." 97

RELACIONAMENTO 105

EQUÍVOCO Nº 15: "O AMOR É UM FENÔMENO INEXPLICÁVEL." 107

EQUÍVOCO Nº 16: "É PRECISO DISCUTIR A FUNDO TODO TIPO DE PROBLEMA." 113

EQUÍVOCO Nº 17: "HARMONIA É A COISA MAIS IMPORTANTE PARA UM RELACIONAMENTO." 117

EQUÍVOCO Nº 18: "PARCEIROS QUE FAZEM MUITAS COISAS JUNTOS ACABAM FORTALECENDO SEU RELACIONAMENTO." 125

EQUÍVOCO Nº 19: "SOMENTE QUEM AMA A SI MESMO TAMBÉM CONSEGUE AMAR OS OUTROS." 139

EQUÍVOCO Nº 20: "NÃO DÁ PARA MUDAR O PARCEIRO." 147

EQUÍVOCO Nº 21: "UMA BRIGA É COMO UM TEMPORAL PURIFICANTE." 155

EQUÍVOCO Nº 22: "RELACIONAMENTOS FRACASSAM PORQUE OS CASAIS BRIGAM DEMAIS." 161

EQUÍVOCO Nº 23: "DISCUTIR MELHORA O RELACIONAMENTO." 167

EQUÍVOCO Nº 24: "EM UM RELACIONAMENTO, OS PROBLEMAS PRECISAM SER RESOLVIDOS." 171

EQUÍVOCO Nº 25: "EM UM RELACIONAMENTO, DAR E RECEBER PRECISAM ESTAR EM EQUILÍBRIO." 175

EQUÍVOCO Nº 26: "MULHERES CULTAS E FINANCEIRAMENTE INDEPENDENTES SE SEPARAM COM MAIOR FREQUÊNCIA." 179

EQUÍVOCO Nº 27: "FILHOS SEGURAM UM RELACIONAMENTO." 185

EQUÍVOCO Nº 28: "UM BOM RELACIONAMENTO REQUER TRABALHO." 193

A BUSCA PELO PARCEIRO 205

EQUÍVOCO Nº 29: "O HOMEM É O CAÇADOR, E A MULHER, A CAÇA." 207

EQUÍVOCO Nº 30: "O NÚMERO DE SOLTEIROS CRESCE SEM PARAR." 215

EQUÍVOCO Nº 31: "RELACIONAMENTOS PELA INTERNET SÃO SUPERFICIAIS E NADA ROMÂNTICOS." 221

EQUÍVOCO Nº 32: "EXISTE AMOR À PRIMEIRA VISTA." 227

EQUÍVOCO Nº 33: "SEXO APÓS O PRIMEIRO ENCONTRO É A MELHOR FORMA DE PRENDER O PARCEIRO ADEQUADO." 231

EQUÍVOCO Nº 34: "OS HOMENS SÃO RACIONAIS." 235

EQUÍVOCO Nº 35: "SE VOCÊ AMAR A SI MESMO, POUCO IMPORTA COM QUEM IRÁ SE CASAR." 241

EQUÍVOCO Nº 36: "MULHERES BONITAS TÊM MAIS CHANCES DE ENCONTRAR UM PARCEIRO." 247

EQUÍVOCO Nº 37: "É MAIS FÁCIL UMA MULHER ACIMA DE QUARENTA ANOS ENCONTRAR UM TIGRE DO QUE UM HOMEM." 255

POSFÁCIO 263

COMPLEMENTAÇÕES, FONTES E BIBLIOGRAFIA ADICIONAL 269

PREFÁCIO

A maioria das coisas que sabemos sobre o amor está errada:

Amor à primeira vista – *não* existe.

O número de solteiros *não* cresce sem parar.

E a sexualidade *não* serve às pessoas prioritariamente para a procriação.

Querem ouvir mais alguns veredictos sobre os mitos onipresentes? Pois lá vão eles: a tradicional ideia de discutir a relação, de que muitas mulheres gostam tanto, não ajuda nem um pouco no relacionamento. Nem sempre os homens estão a fim de sexo e podem ser até uns verdadeiros rabugentos em matéria de erotismo – para sofrimento das mulheres.

Em resumo, o que de fato existe são mulheres que sempre querem sexo. E homens que reclamam de dor de cabeça. Aliás, antes que eu me esqueça: na busca por parceiros, os homens não são os caçadores – nem as mulheres, a caça.

O QUE HÁ DE TÃO PERIGOSO NOS MITOS?

A maioria dos nossos dogmas sobre o amor baseia-se em mitos populares e equívocos aceitos de maneira geral. Adquirimos a maior parte desse "conhecimento" a partir de telenovelas de segunda categoria, filmes hollywoodianos, romances de amor e música *pop* – fontes duvidosas quando se trata de algo tão importante como o amor.

Colunas e dicas em jornais e revistas também não nos atualizam muito. Na verdade, boa parte dessas indicações para um bom relacionamento ("Discuta *tudo* a fundo"), uma vida sexual estimulante ("Compre uma lingerie de vez em quando!") ou a busca bem-sucedida do parceiro para a vida inteira ("Mulheres bonitas têm mais chances...") não passa da opinião daqueles que as difundem com grande poder de persuasão.

Essas sabedorias não têm nenhum histórico de comprovação real. Não provêm de laboratórios de psicólogos experimentais. Não são o resultado de estudos empíricos altamente qualificados, tampouco têm algum fundamento amadurecido na bagagem de experiências de especialistas no aconselhamento de casais.

Para o amor, não é nada fácil. Em nenhum outro campo da vida nos permitimos tamanha grandeza de ignorância diante dos fatos. E em nenhum outro campo as consequências são tão fatais – pois mitos e convicções populares sobre o amor são tudo, menos inofensivos. Alguns equívocos nos causam "apenas" fortes dores de cotovelo ou conflitos angustiantes. Outros são bem mais perigosos, uma vez que podem paralisar ou até interromper por completo a sexualidade entre os parceiros, chegando a custar o próprio relacionamento. Por conseguinte, em um exame mais atento, alguns mitos revelam-se verdadeiros *coveiros do amor*.

Precisamos salvar o amor. Precisamos salvá-lo de todos os equívocos e mitos das novelas de final de tarde, dos romances banais e hollywoodianos. Todos eles declararam guerra ao amor real.

QUANDO A CIÊNCIA SE DEPARA COM O ROMANTISMO

O amor leva uma espécie de vida dupla em nossa cabeça. De um lado, existe o amor real, ou seja, aquele tal como é na realidade e como o vivenciamos diariamente, com todos os seus altos e baixos. E, de outro, há nosso ideal de amor, impregnado de uma enorme quantidade de romantismo – mais nos homens até do que nas mulheres, conforme mostram estudos científicos atuais. Com muita frequência, o amor real tem de se curvar ao romantismo. E sai perdendo.

Em meio à confusão de lendas, mitos e equívocos, este livro abre caminho rumo à compreensão. Como não haveria espaço aqui para listar todos os equívocos sobre amor e relacionamento, reuni os mais populares, surpreendentes e perigosos. Pretendo mostrar o que a mente humana descobriu até agora sobre o fenômeno do amor. Passarei a palavra a filósofos, sociólogos, etnólogos e, é claro, a psicólogos. Consultarei a ciência e pesquisas para receber respostas concludentes sobre o amor.

Precisamos com urgência de esclarecimentos a esse respeito. Nos últimos anos, muitos pesquisadores, homens e mulheres, forneceram importantes contribuições para compreendermos esse sentimento – por exemplo, o psicólogo cognitivo Lars Penke (Universidade de Aberdeen), que pesquisou se o amor à primeira vista de fato existe. Além dele, a socióloga e psicóloga Terri Orbuch (Universidade de Michigan; Universidade de Oakland), que há mais de 25 anos orienta e avalia um dos maiores estudos sobre casais no mundo. E o bem conhecido John Gottman, pesquisador de relacionamentos e professor de Psicologia (Universidade de Washington), que em quatro décadas analisou, em mais de 3 mil casais, o que faz o amor durar e resultar em felicidade. Há muitos outros pesquisadores unidos pelo esforço de descobrir como alguns parceiros conseguem se sentir satisfeitos e felizes um com o outro. E como as pessoas podem evitar áreas escorregadias em que o relacionamento, aos poucos e de modo inevitável, desliza para o abismo.

As questões que levantarei serão: por que as pessoas sentem tanto prazer com o sexo? O que de fato sabemos a respeito e por que algumas pessoas ficam permanentemente – ou, pelo menos, por um bom tempo – sozinhas, a contragosto? O que sabemos sobre quem combina melhor com quem? E por que alguns relacionamentos são inabaláveis, enquanto outros se esfacelam rápida e silenciosamente, como um bolo mármore que passou do ponto?

SALVEM O AMOR!

Quem quiser salvar o amor terá de protegê-lo de seus inimigos mais ferozes – os mitos e equívocos populares de nosso tempo. Este livro deixará os leitores com menos ilusões; em compensação, vai torná-los mais inteligentes e felizes. Vamos tentar salvar o amor. O verdadeiro amor. Aquele que encontramos dia após dia. Em verdadeiras histórias de amor de amigos e conhecidos. E em nossa própria vida.

Não tenham medo. Depois da leitura, não será necessário abrir mão das próprias opiniões sobre amor e relacionamentos. Porém, é de esperar que façam uma ou outra correção – pertinente – no que até então vocês pensavam sobre o amor. Acreditem: o *romantismo do amor real* não sofrerá nenhum dano por causa do que aprenderão; muito pelo contrário.

Os mitos do amor ramificam-se em três áreas: a *sexualidade*, o *relacionamento* e a *busca do parceiro*. A cada um desses três temas é dedicada uma parte deste livro. Portanto, falaremos de sexo e, por conseguinte, do que, a longo prazo, o mantém estimulante e vivo. Vamos nos ocupar do que hoje sabemos de verdade sobre o que faz um relacionamento ter estabilidade e resultar em felicidade. E veremos como funciona a *real* busca por um parceiro e o que basicamente a distingue das histórias da Bela Adormecida, Rapunzel e Branca de Neve.

Este é um livro sobre sexo e como ele de fato é; ao mesmo tempo, é um livro sobre relacionamentos e como funcionam na realidade, pois a sexualidade presta uma contribuição importante e decisiva para que os relacionamentos sejam felizes e estáveis. Quase sempre, parceiros satisfeitos com a própria sexualidade também têm um bom relacionamento. O mesmo se dá de modo inverso: a maioria dos parceiros que descreve seu relacionamento como bom ou ótimo também está satisfeita com o sexo.

Mas a sexualidade pode nos induzir a erros, por exemplo, na busca por um parceiro. Nos dias de hoje, muita gente confunde atração erótica com amor – e sempre acaba aterrissando em um relacionamento inadequado, que após alguns meses ou anos desmoronará de maneira inevitável.

Relacionamento e sexualidade são interdependentes. Essa é uma das teses fundamentais deste livro. Um a um, como peças de um mosaico, vou demonstrar os argumentos que comprovam essa visão da vida humana e o papel da sexualidade em nossa vida. No final, todas essas peças vão fornecer uma imagem completa.

Portanto, comecemos nossa análise dos equívocos mais populares sobre o amor com a sexualidade humana. Ela já existia muito antes de o homem falar, enfeitar-se para dançar ao som de tambores ou utilizar a internet para conhecer um ao outro. A sexualidade humana reúne muito do que nos constitui em nossa intimidade mais profunda: o amor, o senso de pertencimento, de ligação com o outro e de existir para o outro, bem como o êxtase dos sentimentos mais intensos. Na sexualidade humana, todos esses fios encontram-se entrelaçados. Vamos olhar em mais detalhes que fios são esses e que tecido produzem.

MULHERES QUEREM SEXO,

HOMENS SEMPRE TÊM DOR DE CABEÇA

SEXUALIDADE

Existe algum tema que interesse mais a nós, seres humanos, do que o sexo? Dificilmente. Outros seres vivos se satisfazem com bem menos prazer sexual. Por exemplo, os porquinhos-da-índia. Ou os morcegos. Ou o gorila – ainda que tenha um harém inteiro à sua disposição. Após quinze segundos, o sexo para esses animais chega ao fim. Uma verdadeira "rapidinha", segundo os critérios humanos.

Sex sells [sexo vende], na mídia e na publicidade. Mas também dizem que ele serve para a multiplicação da nossa espécie – outro mito. Um de muitos. *A sexualidade é uma pulsão. Não é possível resolver nenhum problema com sexo. Não é possível planejar o sexo.* Três pontos de vista sobre a sexualidade humana – três equívocos. Mitos, até onde a vista alcança. A esse respeito, vale a pena fazermos algumas perguntas simples:

- Por que nossos pensamentos giram com tanta frequência em torno da sexualidade?
- Por que as pessoas praticam sexo com tanta frequência?
- Por que é tão bom fazer sexo?
- Como intensificar e preservar a paixão em um relacionamento de longa data?

Comecemos nossa viagem pela floresta dos mitos, ou seja, com os equívocos sobre sexo – pois mitos sobre a sexualidade não deixam de ser mitos sobre o amor.

EQUÍVOCO Nº 1:

"OS HOMENS SÓ PENSAM NAQUILO."

Por que as mulheres sempre querem sexo
e os homens sempre estão com dor
de cabeça

Todas as noites, ocorrem verdadeiras cenas de caça nas salas dos lares alemães. Os homens perseguem suas mulheres ao redor da mesa de jantar, por cima de cadeiras e bancos, para dar um amasso nelas. Eia! Que bela correria! As mulheres, por sua vez, não querem saber de conversa – de novo.

Esse seria o clichê em matéria de sexo e desejo entre os gêneros. O homem sempre pode e sempre quer. Mas a mulher se faz de rogada. Está de novo "naqueles dias", sofre com o climatério ("sempre aquelas ondas de calor") ou com a clássica dor de cabeça. Mas com certeza não é muito chegada em sexo.

Eis a imagem de relacionamento entre os gêneros no que se refere a apetite e inapetência sexual. No entanto, a realidade em nossos quartos é bem diferente: muitas mulheres vivem em uma relação na qual são *elas* que querem sexo com mais frequência do que *eles*. Talvez você, como mulher, já tenha passado por experiências bastante semelhantes em seu relacionamento – ou ainda vá passar por elas. Talvez seja um alívio para você saber que *não está sozinha*!

Em muitos relacionamentos, as mulheres querem mais sexo do que os homens. As cenas que se desenrolam entre ambos são claramente menos engraçadas do que as descritas aqui; porém, são verdadeiras.

O SEGREDO Nº 1 NA ALEMANHA: ELA QUER; ELE, NÃO

Ela sinaliza para ele seu interesse – e é rejeitada. *Ela* quer carinho e proximidade física – coisas que ele recusa bruscamente. No meu consultório, uma cliente que chamaremos de Marina passou por isso mais de uma centena de vezes. Frank não pode deixar de assistir às "notícias do dia"; dorme noite após noite na frente da televisão, e não nos braços dela. Ou então quer jogar "mais um pouquinho" no computador e só vai para a cama de madrugada. Última variante: vira-se após um rápido beijo de boa-noite e quer dormir. O que Frank não quer, ou quer apenas em raras ocasiões, são os carinhos, os beijos longos e sexo.

Há cinco anos é assim. Marina não quer se separar do marido, mas, ao mesmo tempo, sente que não dá para continuar dessa forma. Não consegue nem quer renunciar à proximidade física e ao sexo. Continuar casada só por causa do filho de 8 anos? Não, está fora de questão para ela. Quantas vezes fez sexo nos últimos cinco anos? "Três vezes", responde Marina em um sussurro. Sua voz soa sem esperança – tão sem èsperança quanto seu caso lhe parece.

Não raro presencio situações como esta e outras semelhantes em meu consultório: homens que não querem; sim, eles existem. Não querem beijar suas mulheres, não querem abraçá-las nem fazer sexo com elas. E isso não apenas ocasionalmente, mas com frequência. Em casos bastante persistentes, o sexo deixa de ocorrer. Homens que não querem sexo – é provável que esse seja o segredo mais bem guardado que se possa encontrar por trás das portas dos quartos alemães. E não apenas neles. Nada indica que em outros países europeus a situação seja diferente. Algumas pesquisas demonstram que o mesmo fato também ocorre nos Estados Unidos.[*]

Como se sente uma mulher que, sozinha com seu desejo sexual, é sempre rejeitada? Mal, naturalmente. Marina levou muito tempo para entender o que estava acontecendo. Primeiro pensou: "Ele deve estar estressado". Mas, mesmo em situações de descontração, como nas férias, já não se fazia nada quando o assunto era sexo. Nenhuma proposta erótica da parte dele, nenhuma resposta aos avanços dela. Algumas mulheres nessa situação buscam outra justificação plausível. Motivos de saúde, por exemplo. Por acaso haveria algum problema relacionado a ereção a ser esclarecido com urgência em uma consulta médica? Porém, de modo geral, mesmo esse caminho não leva a lugar nenhum, pois muitas vezes um exame consciencioso não fornece pontos de referência para causas orgânicas. O que resta é a frustração.

Com o passar das semanas e dos meses, instauram-se muitas dúvidas. Com Marina também foi assim. Se *ele* já não sente desejo por *ela*, a culpa só pode ser *dela*. Portanto, ao final, muitas mulheres

---

[*] Para facilitar a leitura, reuni as fontes, as complementações e a bibliografia adicional no final do livro.

se perguntam: *há algo de errado comigo? Será que já não o atraio mais?* Certa vez, Marina tentou conversar sobre o problema com uma amiga. Resultado: uma dúvida enorme. *Os homens sempre querem.* Era o que a amiga também achava. E o desespero de Marina só aumentou.

POR QUE OS SEXÓLOGOS PASSARAM DÉCADAS TATEANDO NO ESCURO

Tempos atrás, os sexólogos não descobriram grande coisa a respeito do assunto em suas pesquisas. Em geral, os estudos sobre hábitos sexuais baseavam-se em *informações pessoais*. Ou seja, aos homens se perguntava quantas vezes por mês praticavam sexo e quantas vezes gostavam de praticá-lo. No fundo, um caminho seguro para descobrir quem pratica sexo com que frequência e se tem vontade ou não de praticá-lo – e quem não está nem um pouco a fim. Só isso. Mas se esqueceram de levar em conta a expectativa da sociedade, segundo a qual não existem homens que não querem saber de sexo: são as mulheres que têm dor de cabeça, estão "naqueles dias" ou seja lá o que for. Os homens, não. Afinal, qual é o homem que admite não estar a fim de fazer sexo? Nenhum. Portanto, alguns deles simplesmente mentiram nessas pesquisas. Assim, por muitas décadas, os cientistas nada souberam sobre a inapetência sexual masculina.

Há alguns anos, pesquisadores de ambos os gêneros passaram a observar o problema com mais rigor. Mudaram seu procedimento nos questionários, fazendo então perguntas às mulheres! Pois elas admitem, mais do que os homens, quando as necessidades no relacionamento são diferentes, portanto, também quando querem fazer sexo com mais frequência do que eles. Desse modo, um grande estudo norte-americano chegou ao seguinte resultado: a frustração por causa de pouco sexo é manifestamente mais frequente entre as mulheres. Segundo os números, a proporção de homens e mulheres que, no relacionamento, querem mais sexo do que o parceiro é mais ou menos a mesma: em um terço de todos os casais, a mulher gostaria de ter mais sexo; em cerca de um terço, o homem é que gostaria – e, na última e bem-aventurada terça parte, ambos estão de acordo no que se refere às necessidades sexuais.

O RECUO DOS HOMENS

Atualmente, muitos psicoterapeutas e terapeutas de casal costumam ver em seus consultórios homens que já não querem fazer sexo ou sentem-se motivados a fazê-lo apenas em raras ocasiões. O levantamento de um terapeuta berlinense, que há décadas realiza uma estatística sobre quem no relacionamento recua no quesito sexualidade, chega a ver com clareza os homens na frente, com 65% contra 35% das mulheres.

Com o recuo em relação à sexualidade, outras formas de proximidade física tornam-se cada vez mais raras, como abraços e beijos. Com frequência, a conversa pessoal também vai desaparecendo aos poucos. Só se fala sobre quem vai fazer as compras e o que há para comer. Ou então sobre o tempo. Mas não sobre si mesmo.

Conversas pessoais, beijos e sexo compõem a *tríade da intimidade* (▶ Equívoco nº 18: Parceiros que fazem muitas coisas juntos acabam fortalecendo seu relacionamento). Formam a argamassa definitiva, que dá durabilidade e consistência a um relacionamento. Se faltarem todos os componentes dessa tríade, a relação acaba mesmo sendo minada de dentro para fora. O que resta é uma mescla de diferentes motivos que, sem exceção, pouco tem a ver com amor: a casa comprada em conjunto, a existência de filhos em comum, o simples medo da solidão e a força do hábito. Esse tipo de relação encontra-se em um plano inclinado, no qual continuará deslizando inexoravelmente rumo ao abismo. Apenas em raros casos os envolvidos se adaptam de maneira duradoura à situação e permanecem juntos como um casal infeliz.

Marina também pensou várias vezes em separação. O resultado foi sempre o mesmo: quis ficar com o marido. Mas a frustração por *não ter sexo, nem carinho, nem beijos* foi crescendo cada vez mais dentro dela. Certa vez, tentou "pular a cerca". "Mas não é o que eu quero!", disse. O sexo com um antigo conhecido da adolescência não lhe fez bem. Ao contrário, em seguida ficou ainda mais deprimida: "Quero sexo com meu marido, não com um estranho!" (▶ Equívoco nº 10: Um caso extraconjugal pode animar o relacionamento).

Por que Frank não quer mais fazer sexo? É o que Marina já se perguntou centenas de vezes. Sem obter resposta. Como Frank se recusa a conversar com ela sobre o assunto ou até a fazer terapia, a Marina – e a nós – restam apenas suposições a respeito das razões para seu comportamento. Não obstante, existem dados que comprovam por que homens (e mulheres) já não querem fazer sexo, ou o querem apenas raramente (▶ Equívoco nº 14: Os homens sempre podem e querem).

Para Marina, é muito difícil renunciar ao sexo com o parceiro. Com a maioria das pessoas acontece o mesmo. Sexualidade e proximidade física são importantes demais para serem deixadas de lado. Além disso, o sexo proporciona um enorme prazer às pessoas. E isso por uma boa razão.

EQUÍVOCO Nº 2:

"O SEXO SERVE PARA A PROCRIAÇÃO."

Por que realmente fazemos sexo

No outono, quando as castanhas que caem das árvores deixam o teto e o capô dos carros com pequenas concavidades, vou para a floresta ouvir as árvores fazer sexo. Caminho por ela, paro perto de um grupo de carvalhos e, encantado, ouço o barulho que as bolotas fazem ao cair no solo aromático da floresta. Plop, plop, plop. Uma corrente incessante, pipocando ao despencar dos galhos carregados. Este é o sexo silencioso das árvores.

O sexo serve para a procriação. À primeira vista, essa opinião parece correta. Todos os seres vivos procriam de algum modo. Formam estolhos, como os morangos. Amadurecem as sementes e as fazem cair de seus ramos, como os carvalhos. Põem ovos e espalham o sêmen, como os peixes. Por sua vez, outros seres vivos dispõem do sexo – tal como o homem.

De fato, nos seres humanos, a sexualidade também leva de vez em quando à procriação. Contudo, não é o que acontece na maioria das vezes. Pouco importa se estamos falando do ser humano atual, que conta com a possibilidade de contracepção, ou daquele da Idade da Pedra: nos seres humanos, o sexo ocorre com uma frequência cem e até mil vezes maior do que seria necessário para a procriação. Se o sexo entre seres humanos servisse apenas para garantir a reprodução, ocorreria não mais do que três, cinco ou sete vezes ao longo de nossa vida!

No entanto, felizmente não é o que acontece com as pessoas. Um casal da Europa Central, com trinta anos de casamento, costuma ter, em média, dois filhos. Porém, no mesmo período, encontra o prazer sexual de quinhentas a 10 mil vezes. São números incrivelmente altos, e posso lhes garantir que se trata de algo bastante incomum na natureza. Membros de uma espécie de chimpanzés chamada bonobo são conhecidos por praticarem sexo com frequência ainda maior do que nós, seres humanos. Copulam várias vezes ao dia, em geral para reduzir tensões em estruturas de grupos. Porém, a maioria dos animais utiliza mesmo o sexo apenas, ou sobretudo, para a procriação.

POBRE GORILA

Tomemos como exemplo o gorila, que, pelo menos do ponto de vista genético, é visto como nosso parente próximo no reino animal. Um gorila macho – também conhecido como "costas prateadas", devido aos pelos acinzentados que cobrem seu dorso – costuma reunir um harém de quatro a oito fêmeas ao seu redor. Soa excitante, fazendo-nos pensar em excessos noturnos e longas horas de brincadeiras amorosas. Um paraíso sexual para gorilas machos.

Mas deixemos de lado essas fantasias e olhemos para a realidade tal como ela é: gorilas fêmeas não querem saber de sexo quando estão prenhes. Tampouco têm vontade de sexo quando estão cuidando do bebê gorila e, logo depois, do filhote já um pouco crescido; quando os amamentam com dedicação, quando os livram de seus piolhos ou lhes ensinam, com mais ou menos paciência, as regras sociais da vida em grupo. Isso dura cerca de três a quatro anos. Somente então, depois de quatro a cinco anos de abstinência sexual, é que voltam a sentir vontade. Somente então os gorilas de costas prateadas podem ficar felizes, pois terão sexo!

Mas não por muito tempo, pois após algumas semanas a fêmea volta a ficar prenhe e, obviamente, entra de novo na fase assexuada. Se entre os seres humanos a falta de vontade de fazer sexo é apenas um fenômeno ocasional, nas fêmeas dos gorilas é a regra absoluta.

Consequência: embora com um harém, os gorilas de costas prateadas praticam sexo poucas vezes no ano. Pobres gorilas! Nossa situação é nitidamente bem melhor!

POR QUE TANTO SEXO É BOM?

Mais ainda do que a frequência do sexo entre os humanos, surpreende a extensão de tempo que empregam para praticá-lo. Muitas espécies de chimpanzés não precisam mais do que quinze segundos para todo o ato. Isso vale, por exemplo, para os já mencionados bonobos. Comparado com o deles, o ato sexual dos humanos tem uma extensão inacreditável. Só no coito, o tempo é bem maior – em média, sete minutos. E, como para a maioria das pessoas ele é muito prazeroso, o tempo literalmente para. Elas vivem esses sete minutos como se fossem catorze.

No entanto, no que se refere à sexualidade, as pessoas não se dão por satisfeitas apenas com o coito. As carícias entre os apaixonados podem se arrastar por horas, e até mesmo entre parceiros de longa data a duração de trinta minutos ou uma hora é perfeitamente normal. *Pode até ser que isso proporcione um enorme prazer aos participantes* [...] mas nada tem a ver com procriação.

Outra particularidade da sexualidade humana que serve para acabar de vez com essa crença na função de procriação é o enorme prazer que as mulheres sentem durante o ato sexual. Esse prazer pode ser bom para muitas coisas, mas não para a procriação. Pelo menos, não de modo direto. Surge então a questão nas palavras do famoso biólogo evolucionista norte-americano, Jared Diamond: "Por que o sexo é prazeroso?"

De fato, o efeito da sexualidade nos seres humanos é bastante positivo. Depois do sexo, sentimo-nos muito bem. O sexo é benéfico não apenas para a alma ("Ela ainda me ama!"), como também para o corpo. E isso pode ser comprovado no sangue dos amantes. Nosso corpo é inundado por um grande número de hormônios que influenciam positivamente nosso humor. O mais conhecido dentre eles é a oxitocina, também chamada de "hormônio do amor". É secretada em grandes quantidades, tanto durante as carícias quanto durante o orgasmo.

No entanto, a oxitocina entra em ação não apenas no erotismo entre os amantes. Ela também desempenha um papel decisivo na ligação entre mãe e filho. Quando um recém-nascido, de olhos fechados e boca aberta, suga com avidez o peito da mãe, a oxitocina também é liberada em grande quantidade. Portanto, "hormônio de ligação" é outra boa designação para a oxitocina. Afinal, ela sempre aparece quando se trata de fortalecer um vínculo – seja aquele entre a mãe e o recém-nascido, seja o dos pais entre si. Resumindo, *a sexualidade serve para o vínculo.*

Neste momento, vale a pena nos voltarmos mais uma vez aos bonobos. Também entre eles a sexualidade tem uma função que ultrapassa a procriação. Com frequência, os bonobos a utilizam muito mais com motivações sociais. Regulam as tensões no grupo por meio do sexo. Portanto, nesse caso, ele serve para manter a coesão do grupo. A semelhança com os humanos é evidente: também entre nós a sexualidade reforça a coesão, porém de modo bastante diferente. E, para tanto, a natureza tem uma boa razão: os filhotes humanos nascem totalmente desamparados. Por um longo período, mãe e filho precisam de ajuda e apoio para a obtenção de alimento. Além disso, os filhotes humanos dependem da instrução e da educação dos pais para mais tarde poderem andar sobre as próprias pernas. A duração da dependência dos pais é longa, muito longa. Mesmo na Idade da Pedra, podia levar de quinze a vinte anos até os filhos se tornarem independentes. Se os pais permanecessem juntos, isso ajudaria seus descendentes (▶ Equívoco nº 15: O amor é um fenômeno inexplicável).

Portanto, entre os seres humanos, a sexualidade às vezes *conduz*, de fato, à procriação. No entanto, em sua frequência e intensidade, serve a uma finalidade bem diferente: a ligação entre as pessoas. Quem conhece a função de ligação da sexualidade nos humanos é capaz de esclarecer melhor um bom número de fenômenos do amor, tais como:

- *Por que é tão difícil, após uma transa sem compromisso de uma noite, não esperar por um telefonema?* Os hormônios de ligação liberados durante o sexo cuidam disso. A simples capacidade de nos lembrar do prazer vivido sempre desencadeia as respectivas sensações positivas e, portanto, pequenas porções hormonais em nós.

- *Por que, na busca pelo parceiro, a sexualidade só entraria em jogo depois que ambos já estivessem apaixonados?* Porque, após o sexo, é muito difícil avaliar com espontaneidade se o outro é "o mais adequado".

- *Por que os parceiros conseguem resolver um problema com mais facilidade quando fazem sexo com frequência e sentindo prazer?* Por que os hormônios de ligação nos deixam mais afáveis e dispostos a ceder. Por essa razão, aconselho os casais a deixarem as questões conflituosas para mais tarde. Antes de tudo, é melhor cuidar da boa atmosfera no relacionamento e do sexo. Se a atmosfera for boa, de modo geral, os problemas se tornam mais fáceis de resolver (▶ Equívoco nº 21: Uma briga é como um temporal purificante).

- *Por que os parceiros quase nunca conseguem permanecer juntos quando deixam de se relacionar sexualmente?* O sexo alimenta o otimismo para continuar vivendo juntos. Quando deixa de existir, conflitos já existentes se intensificam e alimentam, assim, o pessimismo. Por conseguinte, a falta de sexo em um casal é uma péssima ideia. Sempre me surpreendo ao ver quantos casais renunciam ao sexo sem terem noção da inevitável consequência: a separação.

Faz muito tempo que Marina, de 42 anos, por exemplo, vive essa consequência ameaçadora da *falta de sexo*. Há cinco anos que praticamente não transa com o parceiro – porque ele não quer. Também já faz tempo que Marina sente o perigo de uma separação. Em seu íntimo, sabe que o relacionamento em que vive não terá chance de sobreviver se não houver nenhuma intimidade física. No entanto, fez algumas tentativas para reverter a situação. Comprou lingeries e sapatos de salto alto. Preparou jantares à luz de velas. Nada disso adiantou – como acontece com a maioria das pessoas que tentam sacudir o marasmo da vida amorosa dessa forma (▶ Equívoco nº 4: Brinquedos eróticos e lingeries reaquecem o erotismo).

Passeios na floresta são salutares. Mas me dá certa melancolia ouvir os poderosos carvalhos em seu modo silencioso de fazer sexo. Plop, plop, plop. Que transa mais solitária e fechada em si mesma!

Nós, humanos, somos muito melhores nisso, penso – e volto para casa, para junto da minha mulher.

EQUÍVOCO Nº 3:

"A SEXUALIDADE É UMA PULSÃO."

Por que o sexo é uma forma de comunicação íntima

Façamos uma viagem no tempo e desembarquemos em Viena, no início do século XX: Sigmund Freud formula seus *Três Ensaios sobre a Teoria da Sexualidade*. Neles, um conceito essencial: a *pulsão sexual*. Do ponto de vista atual, o fundador da psicanálise nos deu um belo presente de grego, que originou um mito moderno: quando se trata de sexo, o ser humano é como qualquer outro animal que segue seu instinto. Por certo isso ajudou a sexualidade da época a fazer valer seus direitos e a reagir contra o forte recalque sexual. Contudo, para uma melhor compreensão da sexualidade humana, o conceito de pulsão sexual não traz nenhuma contribuição.

Se observarmos os animais, veremos como cavalos, cães e gatos fazem sexo e depois constataremos que neles são muito poucos os sentimentos que desempenham algum papel. O cavalo não se apaixona pela égua antes de cobri-la – só faltava essa! E também não lhe pergunta se pode fazê-lo. Nesse caso, o sexo serve principalmente para a reprodução, sendo determinado pela pulsão. Já com os seres humanos, a história é outra.

- Primeiro nos *apaixonamos* para depois cairmos um em cima do outro.
- Nós, seres humanos, nos amamos tanto psíquica quanto fisicamente por anos e décadas.
- Desfrutamos do sexo com outra pessoa, com a qual somos unidos por um sentimento íntimo, que cresce ao longo de um extenso período.

Quase sempre os sentimentos estão em jogo quando as pessoas fazem sexo. Isso não exclui o fato de que algumas vezes elas sejam capazes de separar sexo de sentimento. Mas não é fácil fazer isso. Não é de admirar que, no chamado *sexo ocasional*, muitas vezes o álcool e as drogas entrem em campo. Sem esses "auxílios" para possibilitar o encontro sexual desprovido de sentimento ou com pouquíssima participação emocional, mesmo em nossa cultura tão liberal raramente se chegaria ao puro sexo ocasional.

A SEXUALIDADE HUMANA É UM DIÁLOGO SEM PALAVRAS

Não importa o que você já ouviu, leu ou pensou sobre sexualidade até agora: entre os seres humanos, ela não serve prioritariamente à procriação (biologia), tampouco é uma pulsão (psicanálise) ou um dispêndio de energia vital (budismo), e menos ainda um prazer imoral (cristianismo). *A sexualidade é, antes, uma forma de comunicação íntima.*

A sexualidade humana não é um simples ato de acasalamento ou inseminação. É um diálogo, a continuação de uma conversa com outros recursos. É um *diálogo sem palavras.* Uma das formas mais intensas de encontro emocional entre duas pessoas. Segundo o terapeuta sexual Christoph Joseph Ahlers, do Hospital Charité de Berlim, a "comunicação sexual do corpo" é a maneira mais intensa de sentir: estou bem!

E esse desejo por sexo, esse prazer com o encontro sexual – em todos os cantos do planeta – é sentido não apenas pelos homens, mas também, em igual medida, pelas mulheres. Quando têm permissão para tanto.

Por que é dessa forma? Por que o encontro sexual toca tão fundo nosso lado emocional? Supõe-se que a resposta esteja na evolução do ser humano. A sexualidade como recurso de ligação entre o homem e a mulher – ou a *comunicação sexual do corpo* – é mais antiga do que a linguagem diferenciada do ser humano. Por isso, ela atinge camadas muito profundas de nossa psique e de nosso cérebro.

O RELACIONAMENTO COMO PÁTRIA

Uma última consideração: para nós, hoje, a sexualidade é quase como uma pátria. Hoje em dia, muitas pessoas já não encontram esse senso de pertencimento através do vínculo a determinado grupo profissional (como nas guildas da Idade Média), a uma associação de compatriotas ou a determinada camada social (como a classe mercantil) ou religião. Para nós, tudo isso faz parte de um passado distante. Esse tipo de pertencimento marcou a vida de nossos avós e bisavós. Hoje experimentamos o senso de *pátria* e pertencimento no relacionamento. Essa é uma das principais descobertas da sociologia sobre o amor nos dias atuais. Nosso amor já não é o mesmo experimentado e vivenciado por gerações anteriores. Para nós, o relacionamento vale como um porto seguro, como uma constante em um mundo sempre em rápida mutação (▶ Equívoco nº 15: O amor é um fenômeno inexplicável).

Nesse senso de pátria, a sexualidade desempenha um papel importante. Através dela, sentimos da maneira mais intensa que somos aceitos – tal como somos. Por isso, para nós é muito difícil conviver com a escassez de sexo no relacionamento. Desse modo, buscamos possibilidades de mudar essa situação. Não queremos renunciar à intensidade dessa experiência emocional. E com razão.

EQUÍVOCO Nº 4:

"BRINQUEDOS ERÓTICOS E LINGERIES REAQUECEM O EROTISMO."

Por que sentimentos e sexo nos seres humanos caminham juntos

Em horas avançadas, o sexo por certo eleva o índice de audiência de emissoras privadas. Em geral, uma bela apresentadora de minissaia aparece no estúdio, sentada em um sofá de veludo vermelho, tentando fazer com que o erotismo faça valer seus direitos. Sugere brinquedos eróticos, jantares à luz de velas, *dirty talking*, depilação íntima e, é claro, lingeries. Mas nada disso faz efeito. As queixas sobre a apatia sexual nos relacionamentos chegam a aumentar em vez de diminuir. Afinal, o que há de errado com todos esses conselhos?

A verdade é muito simples: todos os truques e artifícios para animar nossa sexualidade não podem nos ajudar porque não funcionam – pelo menos, não a longo prazo.

PARCEIROS SATISFEITOS – SEXO BOM

Acreditem: não existe absolutamente nenhum truque que possa ajudar os parceiros a alçar novos e altos voos em sua vida sexual, pois todas essas sugestões têm como base a ideia de que a sexualidade existe à parte de nossos sentimentos. Contudo, à diferença dos animais, a sexualidade humana é indissociável da vida emocional. Se os sentimentos pelo outro se enfraquecerem, só haverá um caminho promissor para se ter sucesso: *os parceiros precisam melhorar sua satisfação um com o outro*. Precisam ter boas conversas, mostrar-se presentes, despender tempo e energia em prol do outro. Só assim o sexo será melhor.

POR QUE O SEXO FICA ESCASSO

"Por si só, todo casamento piora", disse John Gottman, famoso pesquisador norte-americano. Temos sempre de consolidar nossa união no relacionamento, mostrando-nos disponíveis para o outro. Somente então o casamento irá funcionar por um longo tempo.

Por si só, a sexualidade de um casal pode piorar e tornar-se escassa. E os parceiros nem precisam fazer nada para chegar a esse ponto. Não é necessário ofender nem ficar toda hora censurando o outro. Basta não empreender nenhum esforço para permanecer em uma estreita união emocional – só que isso tornará o sexo cada vez mais escasso entre os parceiros. De resto, essa escassez também o deixará mais monótono, pois, do ponto de vista puramente hormonal, fazer sexo com frequência também significa para nós, seres humanos, ter um relacionamento sexual melhor (▶ Equívoco nº 13: No sexo, tudo depende da qualidade).

A isso ainda se acrescentam possíveis decepções no cotidiano a dois. Essas decepções exercem uma forte influência sobre a sexualidade. Na verdade, a sexualidade de um casal pode ter mil e uma razões para falhar:

- No cotidiano do casamento, os parceiros podem partir da evidência de que seu relacionamento é estável. Não consideram necessário um cuidado afetuoso um com o outro. Já não vão jantar no restaurante preferido, como antes, nem têm conversas íntimas. Vão levando a vida, lado a lado, sem receberem muito um do outro.
- A mulher pode sentir-se sozinha na educação dos filhos e condenar o parceiro por isso. Tinha esperado mais apoio por parte dele, justamente no momento em que seu filho mais velho entrou para o ensino médio. Só que, ao mesmo tempo, seu parceiro recebeu um grande projeto no trabalho, que está tomando todo o seu tempo.
- Também pode acontecer de um dos parceiros já estar há muito tempo insatisfeito com sua cansativa profissão e preferir fazer algo totalmente diferente. Só não ousa admitir isso para si mesmo e para o outro.

Essas são três possibilidades que explicam por que o sexo se torna desinteressante, apático e escasso para um casal. A lista poderia ser infinita. A famosa terapeuta norte-americana Michele Weiner Davis disse certa vez que há uma *miríade de razões*. Existe certa verdade nisso. Explicações simples não ajudam muito as pessoas, pois elas são tão diferentes quanto as razões que podem contribuir para a apatia sexual. Porém, a solução do problema pode ser uma só: nos três casos mencionados acima, os parceiros em questão têm de se dedicar mais um ao outro. Em vez de assistir a programas com o sofá vermelho, deveriam desligar a televisão e tentar conversar.

SENTIMENTOS CONTURBADOS

Nos seres humanos, a sexualidade também pode ser perturbada com facilidade por sentimentos de toda espécie, vindos de fora. Qual o aspecto dessas perturbações? Citemos dois exemplos:

- Uma mulher, em torno dos 35 anos. Certo dia, seu pai é diagnosticado com câncer. Ela fica muito insegura; por um bom tempo, sua necessidade de sexo diminui ou até desaparece por completo. Como seu marido reage de maneira pouco compreensiva, com o tempo a apatia dela até aumenta.
- Um homem, de 53 anos, perde o emprego de um dia para o outro e torna-se um péssimo amante (também de um dia para o outro). Está chateado porque perdeu o emprego. Sente sua masculinidade ameaçada pelo desemprego e tem pensamentos bastante pessimistas sobre seu futuro profissional. É bem possível que já não queira fazer sexo com sua parceira.

Nós, seres humanos, não somos máquinas de sexo. Circunstâncias externas e difíceis, estresse profissional e particular, sentimentos conturbados – tudo isso pode prejudicar nossa disponibilidade e capacidade de nos entregarmos de corpo e alma ao sexo.

É por isso que as dicas do sofá vermelho não adiantam muito. Auxiliam apenas de modo superficial, enquanto o problema em si continua a existir. O que ajuda de fato: os parceiros se dedicarem mais um ao outro. Precisam com urgência não de brinquedos eróticos nem de lingeries. Antes, precisam daquilo que chamo de vitamina C: *compreensão*. A mulher que está preocupada com o pai; o homem cuja existência profissional está ameaçada – o que ambos precisam é da *compreensão* dos parceiros. Precisam sentir-se compreendidos antes de conseguirem se sentir em segurança de novo para o encontro sexual.

DICAS PERIGOSAS SOBRE SEXO

Prometi a vocês que combateria tanto os mitos modernos quanto os tradicionais do amor e lhes mostraria como eles podem perturbar um relacionamento. Esse mito, que volta e meia é celebrado no sofá vermelho e nas colunas de autoajuda das revistas, é um verdadeiro perigo, pois tem o poder de destruir um relacionamento já comprometido.

Vocês acham que a sexualidade adormecida vai ressurgir com alguns desses truquezinhos? Isso é mais do que improvável – é impossível. Se tentarem ir por esse caminho, estarão colocando seu relacionamento em sério risco.

Por que a tentativa com *lingeries* e *jantar à luz de velas* é não apenas uma perda de tempo, mas também um risco para o relacionamento? A maioria dos casais recorre a essa possibilidade porque já se sente insegura no relacionamento sexual. Desse modo, busca uma solução que lhes é recomendada por muitos como extremamente eficaz.

As pessoas tendem a considerar verdadeiro o que estiver em sua presença. WYSIATI (*What you see is all there is*)* é o princípio básico da mente humana, tal como foi designado por Daniel Kahneman, psicólogo norte-americano e ganhador do Prêmio Nobel. Todos tendemos a considerar verdadeiro o que ouvimos, lemos e vimos diversas vezes. E é por esse motivo que esse conselho é tão perigoso. Os equívocos nos prejudicam porque nos induzem ao erro e porque, necessariamente, atraem o fracasso. No entanto, o fracasso no amor também sempre pode ter consequências para a sobrevivência do relacionamento.

Quem experimentar as dicas do sofá verá que não são eficazes a longo prazo. Mas quem partir do princípio de que elas só funcionam com os outros estará duvidando de si mesmo, de seu amor e de seu relacionamento – e não do mau conselho que seguiu.

---

* O que você vê é tudo o que existe. [N.T.]

EQUÍVOCO Nº 5:

"SEMPRE DÁ PARA FAZER SEXO, MESMO SOB ESTRESSE."

Por que a prática de yoga e corrida leva a fazer mais sexo

Para os amigos e a família, Sebastian e Lina formam o casal perfeito. Têm um casamento jovem, dinâmico e bem-sucedido. Ambos trabalham e ganham bem. Sebastian vive viajando pelo mundo para cuidar da infraestrutura de sua empresa de logística. Em três anos, Lina já foi promovida duas vezes e dirige o departamento de exportação da empresa. Duas carreiras de sonho. Duas histórias de sucesso. Na aparência – pois sobre ambos paira uma atmosfera de separação. Com frequência cada vez maior, brigam por pequenas coisas. Lina resmunga, sente-se insatisfeita e muitas vezes mal-humorada quando Sebastian volta exausto para casa, depois de dois ou três dias viajando de um lado para o outro. Os dois só fizeram sexo seis vezes no ano e sentem que farão ainda menos. O forte laço que antes os unia emocionalmente corre o risco de se romper.

Se os parceiros têm uma profissão muito estressante, que avança noite adentro, é fácil imaginar o que acontece quando ambos se encontram ao final do dia, estressados, nervosos e exaustos. A sexualidade de um casal como esse sofre um desgaste implacável. É o que acontece com muitos casais modernos. Ambos ganham bem, mas quase nunca fazem sexo. O preço desse estilo de vida é alto. Com jornadas de sessenta a setenta horas de trabalho semanais, a carreira pode até florescer, mas não o relacionamento. Até a ciência já descobriu esse novo fenômeno e tem uma designação nada elegante para nomear esses casais: *dinos (double income – no sex)*.* Portanto, Sebastian e Lina são *dinos*. O estresse acaba com qualquer desejo, quanto a isso não resta dúvida. Antes de qualquer coisa, as razões são físicas, pois a liberação de hormônios do estresse no corpo humano tem uma função importante: eles nos levam a lutar ou fugir. Mas com certeza não nos conduzem ao sexo.

Hoje em dia, a maioria de nós sofre mais estresse do que gostaria. Além disso, lidamos de maneira errada com ele e, assim, não conseguimos relaxar nem desfrutar juntos da sexualidade. É o que acontece com Manuela, de 36 anos, e seu marido Holger. Ele sofre tamanha pressão no trabalho que leva o estresse represado para casa, desconta na mulher e nos filhos e ainda exige compreensão. Ambos só fazem sexo em raras ocasiões. O que a mulher pode fazer nesse caso? Como terapeuta de casal, essa é a pergunta mais comum que me fazem.

O estresse pode acabar com qualquer relacionamento. Se o marido de Manuela quiser uma relação estável, terá de se habituar a lidar de maneira diferente com o estresse do trabalho. E Manuela

---

* Renda em dobro – nada de sexo. [N.T.]

também terá de se habituar a exigir isso dele. Para ambos, dou aqui três sugestões:

1. Algumas vezes, ajuda dar uma *pausa* após o trabalho. Isso significa que Holger não deveria ir direto para casa depois do trabalho, mas sair para tomar um café, fazer um passeio ou o que quer que lhe faça bem. Somente então voltaria para casa, depois de deixar o estresse para trás.

2. A principal estratégia para reduzir o estresse é a *conversa*. Holger pode até estar estressado ao chegar em casa. Porém, com seu comportamento, ele aumenta ainda mais o estresse. Não faz sentido e, ainda por cima, é muito perigoso, pois, obviamente, vai buscar a "culpa" pela grande tensão no relacionamento com Manuela. E ela fará o mesmo com ele. Foi o que quis dizer com áreas escorregadias: se ambos insistirem nesse comportamento, aos poucos, mas com toda a certeza, deslizarão para o abismo. No entanto, é fácil evitar isso. Em vez de ficar criticando Manuela, Holger deveria conversar com ela, falando-lhe justamente sobre como foi seu dia. Desse modo, poderia compartilhar o estresse com ela. Ao final do dia, quando os parceiros voltam a se encontrar e trocam impressões sobre a jornada que tiveram, seu nível de estresse diminui de modo considerável (▶ Equívoco n° 18: Parceiros que fazem muitas coisas juntos acabam fortalecendo seu relacionamento). Com isso, também cresce de modo considerável a probabilidade de ambos fazerem sexo, tão logo as crianças vão para a cama e Holger e Manuela estejam sozinhos e relaxados no sofá. Mas ainda há a televisão!

Vocês têm razão! É preciso desligá-la, do contrário, os dois não vão chegar nem perto do sexo apaixonado. E ele seria tão bom, pois reduz o estresse de maneira ainda mais drástica.

3. *Agir*. Às vezes, os homens não enxergam que voltam para casa sobrecarregados, e ainda negam que estejam estressados. Portanto, com um marido teimoso como esse, Manuela tem de puxar o freio de mão. Afinal, não quer ao seu lado alguém que perca o controle por bobagens. Ela tem razão e todo o direito de cobrar isso dele. E por acaso ele quer uma mulher que não pare de criticá-lo e ofendê-lo? Com certeza, não. Portanto, ela tem de deixar claro para ele que, da próxima vez, não irá aceitar ataques verbais aos filhos nem discussões furiosas com ela. Por exemplo, da próxima vez, pode colocar os filhos no carro e sair para comer com eles, sem Holger. Tolerar certos comportamentos é a pior de todas as possibilidades. Deteriora os sentimentos e prejudica a sexualidade. E é bem provável que isso destrua o relacionamento a longo prazo.

MAIS SEXO GRAÇAS À CORRIDA E O YOGA

O estresse é uma reação física bastante normal a uma forte tensão psíquica e mental. E não ter vontade de sexo costuma ser uma reação física ao estresse. Portanto, ambas as coisas são normais. Isso não significa que não possamos fazer nada para evitá-las. O *esporte*, por exemplo, é excelente para acabar com o estresse. O movimento físico reduz os hormônios do estresse e nos proporciona uma sensação agradável. Isso porque, após um longo e cansativo dia de trabalho, o corpo geralmente sente falta de se movimentar. Além disso, o esporte melhora o condicionamento físico, o que, por sua vez, é vantajoso para o sexo.

Por isso, quem corre se sai melhor na cama! Além do mais, é comum a prática de corrida ao ar livre, e o simples contato com a natureza já contribui para o bem-estar. Por isso, é bem possível que esse conjunto de coisas faça os corredores praticarem sexo com mais frequência.

Nesse sentido, o yoga é totalmente subestimado: os yogues indianos são bem conhecidos por sua abstinência sexual. Porém, há algum tempo, muitos especialistas em yoga também enfatizam os efeitos positivos dessa atividade para a sexualidade. A relação entre yoga e relaxamento é cientificamente comprovada. Quem o pratica fica menos tenso, sente-se mais seguro, tem mais confiança, mais energia para enfrentar situações estressantes e, de modo geral, sente-se mais bem-disposto. Os efeitos psíquicos do yoga são até mais marcantes do que os de outras atividades físicas, como a corrida. Portanto, está comprovado que quem pratica yoga consegue relaxar mais. Não é de admirar que também consiga fazer sexo com mais qualidade.

Reduzir o estresse através do esporte ou do relaxamento com o yoga é apenas uma possibilidade para os parceiros voltarem a ter sexo com mais frequência. Outra é que combinem de fazer sexo no futuro. Desse modo, podem driblar o estresse. Sexo com hora marcada – isso não soa muito erótico aos seus ouvidos? Mas o bom é que funciona (▶ Equívoco nº 12: Primeiro vem o desejo, depois, o sexo).

EQUÍVOCO Nº 6:

"QUANDO UM PARCEIRO QUER MAIS SEXO DO QUE O OUTRO, NÃO HÁ O QUE FAZER."

Por que é bom reagir a uma rejeição com uma recompensa

Ines e Ralf estão juntos há quatro anos. Ambos têm a firme convicção de terem sido feitos um para o outro. Existe apenas um problema: suas necessidades eróticas e intensidade do desejo são bem diferentes. Ralf está sempre querendo... Fazer sexo cinco vezes por semana seria ótimo. Já Ines não quer quase nunca. Sente-se pressionada pelas investidas eróticas de Ralf. Cede uma vez por mês, principalmente quando está bastante relaxada. No entanto, como sempre supõe uma tentativa de aproximação erótica por trás dos gestos que Ralf lhe dedica, foram muito raras as ocasiões em que se sentiu relaxada nos últimos meses. Ele já teve problemas de ereção várias vezes e recorreu ao Viagra, o que incomoda Ines, pois, para ela, com os comprimidos, o sexo fica desagradável e bem diferente do que ela gosta. Ralf está muito nervoso com a situação. "Minha mulher tem um problema comportamental", analisa – e empurra para ela a culpa pela situação.

À primeira vista, o caso parece sem solução. Os interesses, os desejos e as necessidades de ambos estão muito distantes. No entanto, há pontos de referência para uma solução, pois, no começo, quando se apaixonaram, tudo estava em ordem com sua vida amorosa. De três a quatro vezes por semana caíam um em cima do outro. Nenhum dos dois queria mais nem menos do que isso. Só que, após nove meses, o clima virou – diz Ines. Após seis meses – diz Ralf. O que parece ser um caso sem perspectivas torna-se de repente uma brincadeira de detetive: o que aconteceu após seis ou nove meses? Suspense. Mas vocês terão de esperar um pouco pela resposta. Primeiro, vamos dar uma olhada no histórico do casal.

Na maioria dos relacionamentos existe uma *inclinação do desejo*. Às vezes é o homem que quer sexo com mais frequência; em outras, a mulher. Em algumas relações, os parceiros também alternam esses papéis, dependendo do estresse pelo qual ele ou ela está passando no momento ou da fase da vida em que ambos se encontram. Nos homens, por exemplo, o desejo sexual começa a diminuir já no período entre 30 e 40 anos por razões hormonais, enquanto aumenta nas mulheres justamente nessa idade. Em geral, essa diferença no desejo não traz problemas para o relacionamento. Na situação ideal, ambos os parceiros se acertam sem nenhuma dificuldade.

Porém, em alguns relacionamentos, os envolvidos não conseguem harmonizar suas necessidades sexuais e acabam entrando em conflito. Se o casal não encontra uma solução para conviver em harmonia, corre o risco de brigar continuamente. Tal como Ines e Ralf.

Contudo, essa discórdia não é de modo algum necessária. Se as necessidades sexuais são diferentes, a reação da *parte rejeitada* é determinante para decidir se haverá conflito contínuo ou não. Se um dos parceiros quer sexo com frequência, não deveria reagir com irritação ou até mesmo punindo o outro. Mais do que isso: se o parceiro diz não, deveria até receber *uma pequena recompensa*.

Uma recompensa pela rejeição sexual – algo que espanta muitos casais. No entanto, esse comportamento é o caminho ideal para o sexo frequente. Se o *rejeitado* sinaliza dessa forma ao parceiro (ou à parceira) a sua simpatia, aumenta sua probabilidade de, no futuro, fazer mais sexo.

DOIS CASAIS – DUAS SOLUÇÕES

Vale a pena dar uma olhada na realidade para ver quais são as consequências concretas das diferentes reações.

Primeiro exemplo: Monika e Stefan. Ele quer; ela, não. Para Stefan, não está nada bom assim. Ele acha que Monika o está privando do sexo a que ele tem direito. Reage com mau humor e irritação. Eis o diálogo entre eles:

> **Stefan:** [Resmungando.] Que saco... Você nunca está a fim...
> **Monika:** E você quer toda hora...
> **Stefan:** [Sai de casa batendo a porta.]
> **Monika:** [Em voz baixa, decepcionada.] Vá ver se estou na esquina!

Não importa o que Stefan faça – se discute com Monika, se a critica ou sai ofendido para tomar uma ou duas cervejas com os amigos –, ele sempre sinaliza que não está de acordo com o comportamento dela. Por isso, seu próprio comportamento impede que obtenha o que tanto quer. O que acontece é o contrário: sua reação grosseira acirra os ânimos entre ambos. Assim, é bem provável que, no futuro, Monika sinta ainda menos interesse por sexo. Stefan vai discutir cada vez mais com ela. Irá criticá-la com frequência ainda maior e sair de casa, ofendido. E seus amigos poderão vê-lo mais e mais vezes nas reuniões sociais. Logo, talvez, também possam recebê-lo como solteiro, pois, quando a sexualidade entre os parceiros vai se tornando escassa, em geral acirram-se os conflitos. Que atrapalhado esse Stefan! Coitada da Monika!

Nosso segundo exemplo: Jens e Nina. Hoje Jens não está a fim de transar. Nina não ficou muito satisfeita, mas é capaz de aceitar. Ele até recebeu um carinho por sua recusa. Segue o diálogo entre eles:

Jens: Hoje não. Estou moído.

Nina: Coitadinho do meu amor. Tudo bem, entendo. Te amo. Quer que eu encha a banheira para você?

Podemos pensar que Nina reagiu com muita empatia e altruísmo. De fato, é empática, mas não necessariamente altruísta. Prefere sempre receber um "sim" como resposta à sua proposta; portanto, sua reação ao "não" é, sobretudo, muito *eficaz*, pois, ao ouvir as palavras de Nina, Jens sente-se compreendido e aceito. Isso reforça seu sentimento por ela e torna bastante provável que, da próxima vez, ele não volte a dizer "não" – e que, no dia seguinte, ou em alguns dias, faça uma proposta erótica de modo espontâneo.

Quando predomina uma atmosfera de dedicação no relacionamento, o sexo se torna mais frequente. Com sua reação compreensiva, Nina não apenas deixou Jens feliz, mas também aumentou a própria felicidade futura.

Muito inteligente essa Nina! Sorte do Jens!

UM TRIBUTO À PESQUISA

Foi John Gottman, famoso pesquisador norte-americano, que calculou o desejo desigual no relacionamento com o auxílio de um modelo matemático da teoria dos jogos. Em sua forma atual, a teoria dos jogos remonta em grande parte ao matemático John Nash. Na época da Guerra Fria, serviu para calcular as possíveis jogadas do adversário e otimizar as reações a elas. Os economistas também se baseiam nela. Por isso, em 1994, John Nash recebeu o Prêmio Nobel de Economia. Mas que um dia alguém fosse aplicar suas teorias desenvolvidas nos anos 1940 e 1950 ao campo da sexualidade conjugal [...] com isso John Nash por certo não contava! No entanto, foi o que aconteceu – graças a John Gottman, que tem um fraco por matemática e empregou a teoria dos jogos no relacionamento. Vou poupá-los aqui do procedimento exato, usado para se chegar à solução, e mostrar como prova apenas a fórmula para todos os defensores da teoria dos jogos:

$$5\sigma_{Agree} + (r)(1 - \sigma_{Agree}) = (r)(\sigma_{Agree}) + (0)(1 - \sigma_{Agree})$$
$$\sigma_{Agree}(5 - 2r) = r$$
$$\sigma_{Agree} = r/(5 - 2r)$$

Assim como eu, com certeza vocês também reconhecerão à primeira vista o resultado claro dessa fórmula. Isto mesmo: quem rejeita deve receber uma pequena recompensa do rejeitado. Quanto mais generosa essa compensação, tanto maior será a frequência da sexualidade.

Resumindo: *se quiser transar mais, elogie o parceiro que o rejeita!* Não é de admirar que essa tática funcione: no relacionamento, sentir-se bem com o parceiro cria uma atmosfera positiva e, por conseguinte, leva a mais sexo; todos nós sabemos disso. Também sabemos muito bem que ficar de cara feia quando se recebe um "não" só aumenta os problemas. Porém, é espantoso ver *o quanto* aumenta a frequência do sexo com uma convivência amigável, pois a probabilidade de que o entendimento leve à sexualidade duplica ou mesmo triplica.

Lembram-se de Ines e Ralf? Falei a ambos da relação entre rejeição e comportamento compensatório. Ines, que a princípio estava insegura, sentada na beira da cadeira, depois pareceu relaxada e feliz. Não apenas sorria; estava radiante. Ralf ficou em silêncio. Parecia intuir qual havia sido a razão de o sexo ter se tornado um problema entre eles após *seis* ou *nove* meses. Como ele reagiu na primeira vez em que Ines não quis transar? O olhar de Ralf pousou nos seus sapatos. Murmurou: "Bom, contente é que eu não fiquei, admito".

EQUÍVOCO Nº 7:

"AS PRINCIPAIS CAUSAS DOS PROBLEMAS DE EREÇÃO SÃO FÍSICAS."

Por que o sexo nos relacionamentos costuma se tornar escasso – e o que tudo isso tem a ver com sua "melhor parte"

Hans (62 anos) tem problemas de ereção. Já faz seis meses que não tem ereção durante o sexo. Seu pênis até cresce, mas, antes de realmente se enrijecer, volta a ficar flácido. A princípio, tentou convencer sua namorada Monika (58 anos) de que um relacionamento sem sexo também pode ser bom. Ela rejeitou a ideia e insistiu para que ele procurasse um médico. E agora Hans está sentado na sala de espera de um urologista especializado em problemas de ereção.

Para a indústria farmacêutica, não há nenhuma dúvida: quando um homem deixa de ter ereção ao longo de certo tempo, as razões são físicas. Distúrbios de circulação. Homens que já não têm ereção ou a têm de maneira incompleta ficam gratos com essa explicação, pois não há nada que temam mais do que ouvir que seu problema tem causas psíquicas. Se vão a um especialista, por exemplo, um urologista, torcem para que ele lhes dê um diagnóstico físico. E, de preferência, também um comprimido para acabar logo com o problema. A este ponto convergem as necessidades da indústria farmacêutica e as dos homens, que temem entregar-se à reflexão. Querem logo arranjar um comprimido! Por si só, a ereção é algo admirável. O pênis cresce do nada. E, supostamente, isso acontece com todos os homens, sem nenhum problema. Sempre. Quando não, o ego masculino sofre graves danos. Desse ponto de vista, a indústria farmacêutica é uma verdadeira bênção para a autoestima masculina. Afinal, está sempre fazendo novas descobertas para as supostas causas físicas dos problemas de ereção. Não há dúvida: há homens que têm dificuldades de ereção por causa de doenças como diabetes, pressão alta e obesidade. É incontestável. Mas também não há dúvida de que a indústria farmacêutica não é a fornecedora mais confiável de números relativos a razões físicas ou psíquicas para problemas de ereção. Todo o mundo sabe que ela tem seus próprios interesses.

Como isso tudo se apresenta para os terapeutas sexuais ou de casais? Em geral, recebem em seu consultório apenas homens sem nenhum problema físico; ou, pelo menos, sem nenhum problema que impeça a ereção. E, como esses homens já se encaminharam para a terapia, estão prontos para ouvir que seu problema de ereção nada ou pouco tem a ver com causas físicas. Tal como Gunnar, de 32 anos. Sua esposa, Rieke, tem 30 anos, e ambos estão juntos há menos de cinco. Rieke está desesperada, pois já não fazem sexo. Desde quando?

"Desde que concebemos nossa filha Merle", diz Rieke, tristonha. Logo em seguida, Gunnar recusou-se a fazer sexo, a princípio com a justificativa de que a primeira coisa que sua filha veria dele não poderia ser "seu pênis". O simples fato de pensar nisso já era suficiente para a ereção chegar ao fim – o que demonstra que, para Gunnar, sexo e paternidade não combinam. Para muitos casais, a gravidez é o ponto alto da sexualidade – para Rieke e Gunnar, tornou-se uma fase solitária e sem amor. Passar o período da gravidez sem sexo nem carícias (pois carícias sem sexo nada dizem a Gunnar) já poderia custar o relacionamento de um casal. Por quantas noites Rieke ansiou pelas mãos de Gunnar em seu corpo? Quantas noites ficou deitada, acordada e triste, ouvindo sua respiração regular? Muitas, muitas mesmo. E às vezes chorou na cama, sempre com a esperança de que esse pesadelo passasse depois que ela desse à luz. Porém, mesmo depois, nada mudou. Até hoje Gunnar não quer saber de transar e sempre tem uma justificativa diferente.

Resta a pergunta: há quanto tempo isso já dura? Ou, em outras palavras: quantos anos tem Merle? Resposta: dois e meio. Portanto, já faz mais de três anos que Gunnar e Rieke não fazem sexo. Provavelmente, a rejeição de Gunnar desde o início da gravidez também está relacionada à imagem que fazemos da sexualidade. Em geral, nossa ideia de sexo liga o erotismo à mulher jovem e sem filhos. Com ela, o sexo sem constrangimentos é possível – mas não com "a mãe dos meus filhos". E, assim, Gunnar afastou-se da sexualidade.

Outro aspecto desempenha um papel no caso de ambos: a sexualidade é um ato de dar e estar presente para o outro. Damos prazer e alegria. Consagramo-nos um ao outro. E um homem como Gunnar não considera essas coisas realmente necessárias. Ele é quem recebe, não quem dá. E talvez pense: se tenho um relacionamento, ele vai durar. Mas é aí que Gunnar se engana. Somente quando ambos se dedicam um ao outro com mais frequência, também na sexualidade, é que o relacionamento tem chance de durar. Mas, se ele continuar a não querer sexo, sua relação com Rieke chegará ao fim.

COM QUE FREQUÊNCIA OCORREM OS PROBLEMAS DE EREÇÃO?

Depende de como se define um problema de ereção. Em linguagem popular, a questão é clara: se um homem tem *dificuldade* para conseguir a *ereção*, então ele tem um *problema de ereção*. Contudo, nada é mais fácil de se deixar perturbar do que uma ereção. O simples pensamento "Tomara que desta vez dê certo!" já é suficiente para que ela vá embora. A cabeça sempre participa do sexo. Em casos de problemas de ereção, ela é o principal elemento perturbador. Nesse sentido, quase todo homem já teve algum problema de ereção ao longo da vida. Ele quer ter a ereção, mas seu corpo não o ajuda. Quando um homem falha várias vezes seguidas, é grande a probabilidade de seu medo aumentar, a ponto de a dificuldade de ereção se tornar permanente. Um fracasso acaba produzindo outro.

E o que aconteceu com Hans? Está na sala do médico, que lhe fez algumas perguntas e acabou de receber uma informação: às vezes, Hans tem ereções pela manhã, ao acordar. Portanto, é improvável que a causa de seus problemas de ereção seja biológica. O médico ainda tenta descobrir o que aconteceu na vida de Hans seis meses antes, ou seja, no período em que os problemas de ereção começaram. Na época, Hans e Monika foram morar juntos. Ele queria muito voltar a ter um relacionamento estável, passar a noite ao lado da namorada e tomar café da manhã com ela antes de ir para o trabalho. Antes de decidirem morar juntos, ele não tinha nenhuma dificuldade para alcançar a ereção. Os problemas começaram apenas um ou dois meses após essa mudança.

O médico encarou Hans por algum tempo e lhe pediu que marcasse uma hora com a psicóloga, no consultório logo ao lado. É bem possível que Hans se sentisse sempre criticado por Monika. Ou que ela não tivesse reagido com muita empatia na primeira vez em que ele não quis fazer sexo – esses são dois dos principais motivos pelos quais os homens em geral evitam a sexualidade (▶ Equívoco n° 14: Os homens sempre podem e querem). E, nos casos de dificuldade de ereção, eles também costumam desempenhar um papel. Os problemas de Hans com a ereção podem ser resolvidos com uma boa terapia, possivelmente junto com Monika – por meio de conversa e sem nenhum comprimido.

EQUÍVOCO Nº 8:

"A CURVA DO DESEJO DECAI INEVITAVELMENTE EM RELACIONAMENTOS DE MUITOS ANOS."

Por que é possível, mesmo após anos de convivência, fazer sexo como recém-apaixonados

Em um encontro de renomados terapeutas de casais na Alemanha, um dos especialistas esclareceu que, durante um relacionamento, nada despenca de modo tão drástico quanto a "curva da sexualidade". Mas isso não é verdade! A curva da sexualidade no relacionamento só decai muito lentamente. E não se trata, em absoluto, de uma lei da natureza. Em muitos casais ela até torna a aumentar no decorrer de um relacionamento mais longo, por exemplo, quando os filhos crescem e os parceiros voltam a ter mais tempo um para o outro. E, em outros casais, ela chega a subir de maneira considerável após algumas consultas terapêuticas.

Nada despenca de modo tão drástico quanto a curva da sexualidade? Muitos terapeutas alemães gostam de ser pessimistas em vez de dizerem com clareza aos casais que podem não apenas manter viva sua sexualidade no relacionamento, como também até melhorá-la e intensificá-la com o tempo.

O SEXO NA FASE EM QUE NOS APAIXONAMOS

Vocês ainda se lembram de como era frequente e intensa a sexualidade quando se apaixonaram? Provavelmente faziam sexo com bastante frequência. Os parceiros recém-apaixonados, em sua maior parte, não conseguem se desgrudar, estão sempre pensando um no outro, ansiando pelo próximo encontro e por desfrutar do sexo um com o outro. Por que isso acontece? A princípio, por razões hormonais. Três hormônios desempenham um papel muito importante nessa situação:

- A *oxitocina*, responsável por unir os parceiros.
- Além dela, é liberada uma grande quantidade de *dopamina*, também chamada de "hormônio da felicidade".
- A elas se acrescenta ainda a *testosterona*, conhecida por muitos como hormônio "masculino", mas que no sexo é liberado tanto nos *homens* quanto nas *mulheres*, reforçando a autoconsciência, a confiança e a energia.

Oxitocina, dopamina e testosterona – esses três hormônios são os responsáveis por nosso entusiasmo quando nos apaixonamos, influenciando até a maneira como enxergamos o outro. A influência se estende também à sexualidade e à enorme alegria que sentimos nos primeiros meses de namoro.

Contudo, os hormônios cuidam apenas de uma parte do entusiasmo que nos inunda no período de enamoramento. Todo o restante, fazemos sozinhos, *por meio do comportamento que temos um com o outro*. Nós mesmos fazemos com que esses hormônios circulem permanentemente no corpo do parceiro, pois, no período de enamoramento, estamos sempre nos dedicando ao outro:

- Ouvimos o parceiro com atenção.
- Interessamo-nos de verdade pelo que ele tem a dizer, somos atenciosos e fazemos perguntas.
- Gostamos de nos tocar com frequência.
- Cumprimentamo-nos com um beijo apaixonado e um longo abraço.
- Enviamos SMS carinhosos e e-mails apaixonados.
- Não paramos de pensar um no outro.

UM EXERCÍCIO E SUAS CONSEQUÊNCIAS

Neste momento, sugiro a vocês um pequeno exercício: por favor, peguem papel e caneta para preparar uma lista. Escrevam o que era diferente em seu relacionamento quando estavam apaixonados, em comparação a como é hoje. Considerem três questões:

1. O que era diferente em termos de erotismo e sexualidade? Vocês tinham mais imaginação do que hoje? Fizeram sexo em momentos diferentes, ao contrário de hoje?
2. E como era a afeição física – ou seja, nos beijos, abraços e em todas as demonstrações de afeto cotidianas?
3. Considerem agora a afeição psíquica: o que era diferente no período de enamoramento? Conversavam mais um com o outro, telefonavam-se com mais frequência, trocavam mais SMS curtos e simpáticos?

Com essa lista, vocês terão um importante ponto de referência para saber como podem mudar a situação atual – uma mudança voltada a praticar mais sexo. Com o auxílio dessa lista, poderão obter uma imagem precisa *do que os deixava de fato felizes* – tão felizes que, de tão apaixonados, mal sentiam fome, embora tivessem muito apetite sexual.

Essa lista de ações e comportamentos é sua "lista pessoal do amor", um perfil das atividades que antes contribuíam em grande parte para seu bem-estar. E o que era bom no passado também pode ajudá-los agora. Recuperem as boas coisas do repertório comportamental. Conversem com o parceiro sobre aspectos que gostariam de ter de novo no relacionamento.

Lembrar-se do tempo em que se estava apaixonado pode contribuir para manter viva a sexualidade de um casal ou fazer com que ela volte a ter vivacidade. Antes, nos preocupávamos pouco em resolver problemas que iam surgindo, em ter conversas exaustivas sobre o relacionamento ou discutir as dificuldades (▶ Equívoco nº 16: É preciso discutir a fundo todo tipo de problema). Em vez disso, curtíamos o lado bom da relação, dedicando-nos ao outro com frequência bem maior e de maneira positiva. A chave para uma boa sexualidade é a *positividade*. Temos de estar mais presentes para o outro; só assim a "curva da sexualidade" não vai despencar. Nem drasticamente, nem devagar. Permanecerá constante, se possível oferecendo novos pontos altos.

EQUÍVOCO Nº 9:

"COM SEXO NÃO SE RESOLVE NENHUM PROBLEMA."

Por que é útil conversar depois do sexo

Uma opinião bastante difundida: o casal resolve os problemas conversando, não com sexo. É preciso conversar, chegar a um acordo, a um consenso... Se encontrarem a solução, o clima melhora e aumenta o desejo de um pelo outro. Somente então deve-se passar ao sexo.

Mas muitos casais também já passaram pela experiência inversa: não conseguiam resolver seus problemas nem com a maior das boas intenções. Discutiam, ficavam de mau humor, gerando ainda mais discussão e mau humor. Com esse dilema, a solução parecia mais distante do que nunca. Por fim, quando ambos os parceiros, esgotados pela atmosfera ruim, paravam de falar dos problemas e se voltavam para o lado agradável do relacionamento, finalmente voltando a fazer sexo, de repente lhes ocorria uma solução para o problema inicial – uma solução com a qual ambos podiam conviver bem.

Por que às vezes isso funciona? Há muito tempo, os cientistas supõem que a razão possa estar ligada a um hormônio liberado em grande quantidade durante o sexo: a oxitocina. Portanto, nada mais evidente do que provar que os parceiros conseguem se entender melhor quando têm muita oxitocina no sangue. Através de um experimento, pesquisadores da Universidade de Zurique demonstraram, de maneira impressionante, as consequências do elevado teor de oxitocina no sangue. Ministraram a alguns dos casais pesquisados oxitocina em forma de *spray* nasal. Os outros casais nada receberam. Em seguida, tiveram de entrar em acordo sobre um difícil tema do relacionamento. Vocês imaginam o que aconteceu? Isso mesmo! Os casais com alto nível de oxitocina conseguiram se entender com mais facilidade. Não é de admirar: a oxitocina nos deixa mais amáveis e dispostos a entrar em um acordo.

A conclusão é clara: do ponto de vista hormonal, ambos os parceiros se ajustam de maneira bastante positiva quando praticam sexo com frequência. O sexo nos abastece com um coquetel hormonal que traz consigo. Oxitocina, dopamina e testosterona – sob a influência desses hormônios, nossa forma de lidar com o outro se altera (ver página 64). Por isso, depois do sexo, as perspectivas de entrar em acordo quanto a um problema difícil no relacionamento tornam-se nitidamente maiores do que antes – *o sexo pode, sim, resolver problemas*. De resto, isso vale não apenas para discussões concretas, mas também para a atmosfera predominante no relacionamento. Ela também pode mudar para melhor quando se pratica sexo com frequência.

QUEM DÁ O PRIMEIRO PASSO?

Já faz meses que Lea e Antonio brigam. Lea acha que Antonio deveria participar mais das tarefas domésticas. Além disso, segundo ela, não dá para conversar com ele, pois é calado e nunca fala do trabalho. Ambos levam, de certa maneira, vidas separadas. Estas são as queixas de Lea.

A versão de Antonio é um pouco diferente. "Ela só sabe me criticar", reclama. Após um tempo, acrescenta: "E o sexo é muito raro". Sim, ele poderia participar mais dos afazeres domésticos, admite, mas, como Lea só resmunga, ele não tem vontade de ajudar.

Lea e Antonio se encontram em um beco sem saída. Um quer que o outro mude em alguma coisa e estaria até disposto a fazer concessões. Mas quem deve tomar a iniciativa é o outro. As discussões dos dois me fazem lembrar a famosa piada de terapeuta de casais, em que a mulher reclama muito do marido. O terapeuta lhe pergunta por que ela está tão insatisfeita. "Porque ele nunca tem tempo para mim", explica ela. E, quando o terapeuta pergunta ao homem por que ele passa tão pouco tempo com a mulher, este ergue as sobrancelhas e diz: "Ora, porque ela não para de reclamar. Ninguém aguenta".

Como Lea e Antonio conseguiram sair desse beco, se nenhum dos dois queria dar o primeiro passo? Na verdade, graças a uma feliz coincidência: Lea ouviu sua amiga Claudia falar em um *best--seller* norte-americano. No livro, uma mulher decide dormir todas as noites com o marido, durante um mês. Após algumas semanas, a mulher já não reconhecia o marido nem o relacionamento. O clima nunca havia ficado tão bom. E o melhor de tudo: já não conseguia lembrar por que ela e o marido brigavam tanto antes.

No início, Lea ouviu essa história com certa descrença, mas ficou interessada. Depois decidiu também tentar esse método. Afinal, o que tinha a perder? E bem que poderia gostar de um pouco mais de prazer na cama.

Assim, Lea começou seu "mês de sexo". Para ela, transar toda noite foi mais fácil do que esperava. Até porque, já na terceira manhã, constatou que o marido, em geral mal-humorado ao acordar, cumprimentou-a radiante e com um longo beijo. Fazia tempo que não experimentava isso. No quinto dia, Antonio lhe trouxe um ramalhete de flores – no meio da semana, e sem nenhum motivo! O que estaria acontecendo com Antonio? Na sexta-feira, ele pegou espontaneamente o aspirador de pó no armário. E, depois do jantar, não apenas lavou a louça sem que ela precisasse pedir, mas também, ao passear no parque, fez questão de conversar com ela. Conversar! Lea ficou desconcertada. No final de semana, ao falar ao telefone com sua amiga Claudia, Lea nem sabia direito por que pouco antes estava tão insatisfeita com Antonio. Afinal, ele era tão carinhoso e atencioso!

"Ele está tão diferente, mudou por completo", contou a Claudia. Mas, pensando bem, ela também havia mudado bastante: estava mais carinhosa e já não resmungava tanto como fazia com tanta frequência nos meses anteriores. E, para ser bem honesta consigo mesma, já conhecia "esse" Antonio e "essa" Lea. Conhecia-os dos tempos em que tinham acabado de se apaixonar e chegavam a transar até duas vezes no mesmo dia.

A possibilidade de melhorar o clima em um relacionamento através do sexo tem causas não apenas hormonais e físicas, mas também psicológicas. Ambos os parceiros sentem, de modo subliminar, que uma relação com pouco sexo corre o risco de terminar.

Por isso, têm pouca confiança no futuro. Já o sexo frequente reforça o otimismo de encarar o futuro com o companheiro ou a companheira ideal. E é justamente isso que nos dá a sensação de segurança, proteção e pertencimento.

RISCOS E EFEITOS COLATERAIS DO SEXO FREQUENTE

Contudo, sexo em demasia não é uma panaceia para todos os relacionamentos. Há muitos anos é comum que nos medicamentos também se indiquem os riscos e os efeitos colaterais. Fiz tanta propaganda do sexo frequente que agora é oportuno advertir quando essa sugestão pode vir a prejudicar você e seu relacionamento. O sexo frequente pode mudar muita coisa em um relacionamento, mas não tudo.

Efeito colateral frequente: em primeiro lugar, só posso desaconselhá-lo a mostrar este capítulo para seu parceiro ou sua parceira e exclamar, triunfante: *Não falei?!* Nesse caso, há um grande risco de que ele (ou ela) atire este livro na sua cabeça. (Cuidado! Risco de ferimento!) Caso sinta-se tentado a fazê-lo, por favor, não ceda a essa tentação. Renuncie ao desejo de ter sempre razão, seja gentil e, antes de qualquer coisa, leia o capítulo sobre como é possível mudar o parceiro (▶ Equívoco nº 20: Não dá para mudar o parceiro). Mas já posso lhe adiantar uma coisa agora: se de fato quiser fazer mais sexo com seu parceiro, terá de defender esse projeto junto a ele com carinho. Com a postura "Você sabe que tenho razão!", não vai conseguir nada. Em todo caso, nada de bom.

Outro possível efeito colateral: se houver um grave problema de confiança, por exemplo, porque um dos dois foi infiel ou porque você está envolvido em outra crise séria, a tentativa de resolver os problemas com sexo frequente pode até sobrecarregar negativamente o relacionamento. Nesse caso, é preferível partir para uma terapia de casal. Ela os ajudará a diminuir, passo a passo, a grande distância entre si. Quando o clima voltar a ser de confiança, vocês poderão até tentar reforçar essa evolução positiva com mais sexo.

EQUÍVOCO Nº 10:

"UM CASO EXTRACONJUGAL PODE ANIMAR O RELACIONAMENTO."

Por que a infidelidade costuma fazer mal a todos os envolvidos

Marina ainda se lembra muito bem da noite em que voltou a ver Georg, seu namorado da adolescência: no encontro da turma, conversava, animada, com duas antigas colegas. De repente, Georg apareceu à porta – e seu olhar logo pousou nela. Georg lhe sorriu. Marina respondeu com outro sorriso. Três maravilhosas horas depois, deixou o encontro da turma com ele.

Talvez em algumas ocasiões a gente precise de uma mudança para que a vida sexual no casamento (ou no relacionamento) volte a correr sem problemas. *Um casinho extraconjugal, e a satisfação volta a ser como era antes.* Assim pensam muitas pessoas. Mas essa opinião está errada. Um caso extraconjugal só anima a vida de um casal *muito, mas muito raramente.* Por outro lado, pode ter um efeito tão destruidor sobre o relacionamento a ponto de este, após a infidelidade, já não ter salvação. E isso ocorre com *enorme frequência.*

O que é tão prejudicial em uma pulada de cerca? Um dos aspectos mais negativos da infidelidade é a *perda de confiança.* Depois de um caso extraconjugal, muitas pessoas já não conseguem confiar no parceiro infiel e, por isso, terminam o relacionamento. Às vezes, assim que descobrem. De um homem que havia confessado sua infidelidade à mulher, ouvi certa vez que, no dia seguinte, ao voltar do trabalho, encontrou duas malas na porta de casa. Já não podia entrar em casa, pois a fechadura tinha sido trocada.

Contudo, a maioria das pessoas mantém o caso extraconjugal em segredo. Nesse caso, pode ele ser prejudicial se o outro de nada sabe? A resposta é: *sim*. Não apenas pode, como é o que acaba fazendo. E o faz quase sempre.

A INSATISFAÇÃO ALIMENTA A INFIDELIDADE

Há toda uma série de razões que levam a uma pulada de cerca ou a um caso extraconjugal mais longo. Por exemplo, parceiros muito narcisistas tendem a ter casos. E, quanto mais elevada for a posição profissional e o rendimento de um homem, tanto maior é a probabilidade de ele ter uma amante. Afinal, ele é tão importante!

Contudo, a principal razão para a infidelidade é outra: em geral, o parceiro infiel não está muito satisfeito em seu relacionamento. Pesquisas científicas demonstram que a insatisfação no relacionamento pode não ser o único, mas é o principal motivo para se ter um caso extraconjugal – de resto, também para pular a cerca de vez em quando. Portanto, em regra, não se chega a ter um caso porque alguém fez uma proposta erótica. O que mais se vê no início da maioria dos casos extraconjugais é o interesse pelo outro. O amante (ou a amante) ouve com atenção e curiosidade, é um bom interlocutor, que se dedica e aprova o parceiro. Isso torna o contato com ele ou ela irresistivelmente interessante. Na maioria dos casos extraconjugais, o sexo só entra bem mais tarde em jogo.

Se um dos parceiros está insatisfeito no relacionamento, é sua missão melhorá-lo. Quem pula a cerca faz o contrário, refugiando-se nos braços de outra pessoa. Assim, evita pensar em como poderia ficar mais feliz ou satisfeito no atual relacionamento, que, logicamente, não vai melhorar. Talvez até piore. Não é de admirar, pois, quando alguém se dedica a uma terceira pessoa, seu parceiro acaba recebendo menos atenção e dedicação do que antes. E a relação sofre ainda mais.

A INFIDELIDADE TAMBÉM PREJUDICA O PARCEIRO INFIEL

Muitas vezes, porém, o parceiro infiel fica *mais satisfeito consigo mesmo e com sua vida*. Também não é de admirar; afinal, recebe reconhecimento e aprovação com seu relacionamento externo. Portanto, a satisfação com a própria vida aumenta – à custa das possibilidades de sobrevivência de seu relacionamento de longa data. A longo prazo, não acho que seja uma boa troca!

Se considerarmos um período extenso, a vida dupla do parceiro infiel tem sérias desvantagens, inclusive para ele próprio. O infiel leva uma vida dupla que não lhe oferece senso de pertencimento. Muitas vezes, vejo esse efeito na terapia, quando parceiros infiéis me trazem seus relatos. *Dois homens são menos do que um; duas mulheres são menos do que uma* – essa sabedoria se confirma com bastante frequência.

Além disso, a infidelidade costuma não terminar bem para os que pulam cerca: no final, não são poucos os infiéis que acabam de mãos vazias. A relação termina porque é negligenciada ou porque o caso extraconjugal vem à tona. E a nova relação paralela geralmente não cumpre as expectativas nela depositadas. Somente 3% dos casos extraconjugais se transformam em relação estável. Além disso, casamentos oriundos de casos extraconjugais têm uma probabilidade bastante elevada de terminar em separação.

A infidelidade também prejudica quando ninguém é enganado. Isso devido às suas consequências a médio e longo prazos e ao fato de não conseguirmos administrar a infidelidade e o que ela traz consigo. Observemos com atenção o seguinte exemplo: já faz tempo que Karen (35 anos) quase não transa com o marido Lars (38 anos). Ele é um executivo bem-sucedido, quase nunca tem tempo para a esposa e acha que ela deve procurar um amante para ter sexo. Como podemos perceber, Lars é um homem moderno. Karen, por sua vez, também é uma mulher moderna. Que vida amorosa agitada ela tinha antes do casamento! Por isso, também pensa: por que não ter um amante? Assim, a fatalidade segue seu curso.

Então, além de uma bela casa, dois filhos (de 8 e 6 anos) e três carros na garagem, ela tem um amante – arrumado de comum acordo entre o casal. À primeira vista, tudo parece perfeito. Embora o marido de Karen nada saiba do amante, não pode se considerar traído. Afinal, foi ele quem sugeriu a "solução". Por um período, o arranjo dá certo. Porém, após cinco meses, Karen se apaixona pelo amante. Que azar! Isso não estava previsto no roteiro de Lars e Karen. Era só para se divertir um pouco com ele – nada além disso.

Em pouco tempo, as tardes e as noites com o marido tornam--se uma verdadeira tortura para Karen, que não para de pensar no amante David e de sentir falta de seu corpo e das longas conversas que costuma ter com ele. Além disso, mal consegue suportar ser tocada pelo marido. "Marido + amante = satisfação" – eis uma equação que, evidentemente, não funciona com Karen. O pior de tudo é que ela também sabe que, embora David seja um ótimo amante, não é adequado para uma relação estável. Apesar disso, não é capaz de lhe dizer "adeus" e optar pelo marido. Dá para entender, pois, em geral, nós, seres humanos, nada podemos contra o poder dos hormônios do enamoramento. O sexo sempre libera hormônios de ligação em nós. E estes fazem seu trabalho de maneira extremamente rigorosa e conscienciosa.

Por isso, muitos parceiros infiéis acabam se apaixonando pelo, ou pela, amante. Isso costuma acontecer em especial com mulheres que se sentem insatisfeitas com o sexo no relacionamento. Talvez estejam apenas insatisfeitas com a falta de sexo, tal como era o caso de Karen no início. Mas talvez lhes falte algo mais. Somente aos poucos Karen percebeu o quanto a dedicação e o interesse de David lhe faziam bem. Ele tinha tempo para ela. E a ouvia com atenção. Esperava por ela com saudade, dando-lhe um beijo apaixonado, um abraço apertado, fazendo com que sentisse seu corpo, seu cheiro e sua excitação. Que diferença em relação à rotina com Lars, que só lhe dava um rápido beijo ao se despedir ou ao chegar, sem aquele afeto que predominava no início da relação.

E esta é a segunda razão pela qual Karen realmente quase não tem oportunidade de decidir-se a abrir mão do amante. Não são apenas os hormônios que contam, mas também o comportamento de David. Nada do que ele faz é incomum para parceiros recém-apaixonados ou para um amante que está muito satisfeito em ser apenas um amante. Mas com isso Karen também percebe o quanto lhe fez falta a paixão de um abraço ou de um beijo. O desejo por David é grande – há quanto tempo já não tinha isso com Lars? O fato de Karen comparar Lars a David é inevitável. Assim como é inevitável o fato de Lars se sair mal nessa comparação.

Em breve, essa dor pelo que Karen não tem com Lars terá consequências. Ela não vai se responsabilizar pelo fato de levar uma vida sem amor ao lado do marido. Em vez disso, direcionará sua raiva e sua irritação para Lars. Ele é um presunçoso, não há dúvida. Mas também é humano. No final, sua raiva contra Lars vai contribuir de modo decisivo para a separação.

O que para Karen começou como um caso amoroso sem compromisso revela-se uma séria catástrofe. Logo depois de se apaixonar, ela mal consegue dormir ao lado do marido. Seu coração dispara, já não consegue ter paz, começa a suar. O persistente pânico noturno acarreta insônia. E a falta de sono leva a uma desestabilização psíquica. Karen briga com os filhos, desconcentra-se ao dirigir e quase sofre um grave acidente. Após duas semanas, está completamente exausta e pede ao marido que saia de casa. Não há outra possibilidade nesse momento. Infelizmente.

A OPORTUNIDADE PERDIDA DE PROTEGER O RELACIONAMENTO

Karen e Lars não aproveitaram a oportunidade de manter seu relacionamento. Ambos não levaram o sexo muito a sério. Não viram que sexo e vínculo andam juntos nos seres humanos. Deram mais importância a todo o restante. Ao trabalho. À grande quantidade de dinheiro que Lars ganha. Aos encontros com colegas influentes. À casa. Aos filhos. Tudo isso teve prioridade. Somente o sexo, ao que parece, não foi necessário para manter um relacionamento feliz e estável. Foi considerado apenas uma diversão – e a diversão acabou. Nesse caso, ambos os parceiros se comportaram de maneira bastante negligente. Reservar para o sexo um lugar fora do relacionamento é uma ideia destrutiva, que foge à normalidade. Não se pode delegá-lo a um amante sem nenhum risco ou nenhuma consequência. Karen e Lars perceberam isso de um modo bastante doloroso.

A alternativa é evidente: era totalmente inaceitável essa proposta de Lars! Karen deveria tê-la recusado de imediato. E deveria ter deixado claro ao marido que precisava *dele*, do *seu* tempo e da *sua* atenção. E de fazer sexo com ele. Deveria ter esclarecido sua necessidade de sexo, carinho e contato físico. Sem nenhuma reserva. Karen deveria ter dado um *tiro de advertência*, expondo sua insatisfação com toda a clareza. Sem críticas. Deveria ter falado a respeito de seu desejo de contato físico, intimidade e sexualidade. Deveria ter deixado claro que não podia nem iria permanecer no relacionamento sem essa intimidade. E então deveria ter observado o que aconteceria.

ADVERTÊNCIAS NÃO SÃO INJUSTAS – MAS UM CASO EXTRACONJUGAL E SECRETO, SIM

Na terapia, sempre incentivo o seguinte: por meio de um comunicado claro, dê ao parceiro ou à parceira a oportunidade de refletir e fazer alguma coisa para se sentir mais satisfeito. Esse *tiro de advertência* não deve ser uma ameaça nem uma chantagem. Tampouco é um modo de pressionar injustamente o parceiro. Apenas deve-se mostrar a ele (ou ela) a realidade. Se ele (ou ela) tiver uma oportunidade verdadeira de manter a relação, mostre-lhe no momento certo, e com clareza, o que é ou não possível em um relacionamento com você. E o outro deve ter a possibilidade de reagir a isso.

Às vezes, casais insatisfeitos ficam bastante chocados quando lhes aconselho um procedimento tão drástico. E talvez você pense de maneira semelhante. Talvez até seja persuadido pela carta de um homem que nunca entendeu de fato o quanto infeliz sua mulher era ao seu lado. Somente quando ela conheceu outro homem é que ele reconheceu, tarde demais, a gravidade da situação.

> Cara desconhecida, caro desconhecido,
> caso esteja pensando em trair seu parceiro ou se sinta resignado porque o sexo no seu relacionamento não é exatamente como desejava, peço-lhe uma coisa: diga ao seu parceiro ou à sua parceira quão séria é sua insatisfação, antes de complicar tudo ainda mais com um caso extraconjugal. Por favor, faça tudo o que estiver ao seu alcance para esclarecer o que acontecerá se nada mudar entre vocês.
>
> É bem provável que você pense já ter dito tudo isso. Mas acho que ele ou ela deveria saber como é importante para você uma relação sexual ativa, e que seu casamento ou relacionamento corre um grande risco de se romper.

Por favor, diga-lhe de maneira bastante direta que você tem pensado seriamente em procurar alguém que lhe dê o amor e a dedicação que merece e que não tem recebido do parceiro. Faça isso por você e por ele, dando-lhe a possibilidade de mudar alguma coisa.

Se ele não puder ou não quiser fazer isso, e você sentir, no fundo do seu coração, que fez tudo o que estava ao seu alcance para manter viva sua relação, então deixe-o. Ou peça que ele se vá. Mas, por favor, não comece nenhum caso extraconjugal.

Eu daria tudo para poder dizer à minha mulher o quanto meus sentimentos por ela são profundos. O quanto a amo. Daria tudo para poder lhe pedir perdão e lhe dizer como fui idiota por não ter mostrado tudo isso a ela quando tive oportunidade.

Ela tentou me dizer o que estava lhe faltando. Mas não entendi. Agora entendo! Agora, quando ela encontrou outro a quem se dedicar e já não posso entrar em seu coração. Fui um idiota, um completo imbecil. Mas de que adianta isso neste momento? Não serve para mais nada.

Essa carta me comoveu muito. Com certeza, também pelo fato de ter sido escrita por um homem. Um homem que não deu importância ao sexo em seu relacionamento. Um homem que não compreendeu por que sua mulher precisava de sexo – essa disciplina fundamental em qualquer relacionamento –, tanto quanto de abraços e beijos. Um homem que, ao final, ficou triste e de mãos vazias, pois perdeu a coisa mais importante e que dava sustentação e sentido à sua vida: a relação com sua mulher.

EQUÍVOCO Nº 11:

"NÃO É PRECISO FALAR SOBRE SEXO."

Por que conversar sobre sexo é o melhor caminho para tê-lo em maior quantidade e com mais qualidade

A maioria dos casais teme conversar sobre sua sexualidade. Sentem vergonha de manifestar seus desejos e suas necessidades. Ou então pensam que não é preciso falar sobre sexo. Sexo se faz, não se comenta, pois o outro percebe sozinho o que agrada ao parceiro.

Maren e Jakob agem de maneira diferente. Ficam deitados na cama, conversando. Sobre sexo. Os dois adoram falar sobre o assunto. Gostam de falar sobre suas preferências sexuais. E também de suas aversões. Mas em geral falam de suas preferências. Não faz muito tempo que têm essas conversas. Há um ano, apenas transavam. Às vezes era melhor, outras vezes, pior, como tudo na vida. Tampouco conversavam a respeito. Deixavam do jeito que estava.

Então, um belo dia, Maren foi a uma palestra sobre sexualidade, ao final da qual aproveitou a rodada de perguntas para indagar ao sexólogo palestrante se a ciência sabe dizer quais casais têm um bom sexo e quais têm sexo mediano. Ou ruim. O palestrante refletiu por alguns segundos e respondeu: "Casais que fazem um bom sexo gostam de conversar sobre sua sexualidade".

CRIE CORAGEM

Até então, Maren partia do princípio de que isso não era necessário e de que o parceiro simplesmente sente do que o outro gosta ou não. Para ela, era algo novo e até um pouco estranho o fato de que conversar sobre sexo melhoraria a relação. Mesmo assim, no dia seguinte, Maren tomou coragem e entabulou com Jakob uma conversa sobre o assunto. Desde então, ambos sempre conversam a respeito. E as conversas fizeram bem à sexualidade do casal. Agora Jakob sabe muito melhor do que antes as preferências sexuais de Maren. O inverso também é verdadeiro. Assim, os dois aproveitam mais o que lhes agrada.

Em seu relacionamento, tente deixar claro ao parceiro o que deseja. Você não terá uma grande oportunidade de conseguir o que quer no sexo se não deixar claro do que gosta. Tente também saber o que seu parceiro deseja, do que ele (ou ela) gosta e o que o desagrada. Nesse tipo de conversa, evite qualquer forma de discussão. Quando um casal discute, acaba caindo no modelo "quem tem razão", e isso prejudica a intimidade. Pense que, em um relacionamento, todos sempre queremos uma coisa: *ser compreendidos*. Conversas sensatas entre parceiros giram em torno de sentimentos, desejos e esperanças dos envolvidos.

Portanto, faça perguntas, mostre-se curioso. Tente descobrir como seu parceiro enxerga as coisas. Se ele sentir que você entende sua maneira de ver as coisas ficará mais disposto a também querer saber qual a sua visão e compreender o que você deseja. Assim, ambos ficarão satisfeitos com sua sexualidade.

A conversa sobre sexo pode se dar de maneiras bem diversas entre os parceiros. Jens e Nina também gostam de falar sobre o assunto, mas de modo diferente de Maren e Jakob. Vamos dar uma olhada no que dizem. Para não sermos muito invasivos, esse olhar voyeurístico na vida íntima do casal não será dado como um *videolink*, e sim como uma conversa impressa:

Jens [deita-se nu sobre as costas de Nina].

Nina: Ah, que delícia! Adoro ficar nos seus braços e sentir seu corpo.

[Um pouco mais tarde]

Jens: Adoro quando você coça minhas costas!

[Bem mais tarde]

Nina: Nossa! Você foi demais.

Jens: Não é de admirar. Com uma amante tão fogosa!

Nina: Nós dois fomos demais. Que bom que agora o sexo está tão bom entre a gente.

[No dia seguinte, os dois se despedem com um abraço longo e apertado e com um beijo igualmente longo.]

Jens: Transar com você é simplesmente maravilhoso!

[Nina sorri.]

Em breve, Nina e Jens farão sexo de novo, provavelmente na mesma noite. Três fatores indicam isso:

Em primeiro lugar, a maneira positiva como ambos conversam sobre sexo. Não só gostam como costumam confirmar que desfrutam do momento.

Em segundo lugar, o abraço com que ambos se despedem e com o qual se cumprimentam no final do dia.

E, *em terceiro*, o beijo, ou melhor, o tempo que ele dura.

Diga ao seu parceiro o quanto você gosta de fazer sexo com ele. Por meio de manifestações positivas, você intensifica no relacionamento o comportamento correspondente do parceiro. Aproveite a oportunidade para fortalecer o outro com elogios e uma dedicação positiva.

Aliás, essa dica funciona não apenas quando desejar fazer sexo com mais frequência. Com manifestações positivas, você também conseguirá fazer com que seus desejos sexuais concretos sejam realizados. Por exemplo, se quiser ter mais sexo oral (ou mais carícias), o caminho mais eficaz (e gentil!) de atingir esse objetivo é o *elogio*. Diga ao parceiro o quanto lhe agrada quando ele o satisfaz dessa forma.

Se quiser incrementar, depois do sexo vale a pena até agradecer o fato de o parceiro ter satisfeito seu desejo. Se tiver certeza de que ele, ou ela, não gosta muito de sexo oral (ou prefere mais carícias – sim, isso também é possível), e que só o faz para agradá-lo, esse agradecimento é muito importante. É evidente que fortalecer o comportamento do parceiro com manifestações positivas dá bom resultado não apenas no campo da sexualidade. Isso também funciona muito bem nos outros aspectos da vida do casal (▶ Equívoco nº 20: Não dá para mudar o parceiro).

EQUÍVOCO Nº 12:

"PRIMEIRO VEM O DESEJO, DEPOIS, O SEXO."

Por que marcar hora para o sexo é uma boa ideia

Atualmente, quem preza a própria imagem planeja tudo o que é importante com pontualidade. Mas o que é importante? *Tudo o que se refere à profissão* é importante: conferências, reuniões, viagens de negócios. Visitar os sogros no feriado e obrigações semelhantes também precisam ser bem planejadas. Mas e quanto às coisas de fato importantes na vida, como o sexo? O sexo pode ser planejado?

A maioria das pessoas acha que a resposta a essa pergunta é "não". Mas é um erro. Se o sexo é importante, pode muito bem receber um lugar na agenda. E para muitos casais isso não só é uma *possibilidade*, mas até uma *obrigação* – pelo menos quando sofrem muito estresse e ainda querem desfrutar do sexo com frequência, depois de passado o período de enamoramento. Colocar o sexo na agenda é estabelecer o *sextiming*, o momento oportuno para o sexo. E, como o casal marca um encontro com esse propósito, também existe o conceito de *sexdating*.

SEXÓLOGOS E TERAPEUTAS DE CASAIS ACONSELHAM O *SEXDATING*

O *sextiming* é uma dica padrão dos sexólogos e terapeutas de casais. Isso porque, na prática, o *sexdating* se mostrou muito eficaz. Como terapeuta, também já pude comprová-lo muitas vezes. Muitos casais que passaram semanas sem transar deixaram meu consultório com essa dica, permitindo-me imaginar: esta noite vão tentar. Pela primeira vez na vida vão marcar uma hora para fazer sexo. E terão êxito. Se esse encontro está mesmo marcado na agenda, para mim não faz diferença. Fico feliz com o rápido sucesso do aconselhamento.

Apesar de sua eficácia, até hoje o *sextiming* ou *sexdating* não se popularizou e só é praticado por poucos casais, pois, para muitos parceiros, sexo com hora marcada não soa nada romântico. Soa a "sexo por obrigação", a um esforço para estar junto, sem muito sentimento, e não a uma paixão arrebatadora com lençóis desfeitos. Há ainda que se desconstruir alguns preconceitos e equívocos sobre a biologia do desejo humano.

O QUE É URGENTE E O QUE É IMPORTANTE?

A ideia central do *sexdating* é a seguinte: se o estresse do casal for grande, a sexualidade não conseguirá fazer frente às múltiplas demandas profissionais e familiares. Isso também tem a ver com o fato de que distinguimos entre demandas, tarefas e desejos *urgentes* e *importantes*. Coisas urgentes são resolvidas na hora. Já as menos urgentes – mas ainda assim importantes – são adiadas. Quem procede desse modo pode ter grandes problemas, tanto na vida profissional quanto na particular. Do ponto de vista profissional, também é importante arranjar tempo para questões que não são urgentes, mas importantes. Normalmente, em todas as decisões urgentes a serem tomadas dia após dia, as oportunidades e perspectivas de médio e longo prazos de uma empresa ou organização caem logo no esquecimento. As muitas questões urgentes impedem que aquelas de fato importantes tenham início.

Na vida particular, é muito parecido: raras vezes o sexo é de fato urgente. Somente parceiros recém-apaixonados tendem a senti-lo dessa forma. Todos os outros o adiam; sempre dá para fazê-lo. E, assim, em muitos relacionamentos que se encontram em uma fase estressante, o sexo é adiado ao máximo. Esse fenômeno pode ser observado sobretudo em casais jovens que se tornaram pais. O recém-nascido demanda muito tempo e muita energia, e os pais logo acabam tendo um verdadeiro problema com isso. Algo tão importante quanto uma sexualidade ativa – o melhor investimento no futuro que um casal pode fazer – acaba sendo negligenciado. Como já vimos (▶ Equívoco nº 5: Sempre dá para fazer sexo, mesmo sob estresse), isso acontece não apenas com pais: casais sem filhos também caem na armadilha chamada de "só conseguimos fazer o que é urgente". Dois trabalhos cansativos, amigos, conhecidos, parentes, *hobbies*, esporte. Tudo isso junto também pode criar uma boa quantidade de estresse.

ASSIM FUNCIONA O *SEXDATING*

O casal marca uma hora para fazer sexo. Se você quiser, também pode combinar de se encontrarem a princípio para "ficarem juntinhos", assim talvez se sintam mais relaxados. Quando chegar o momento, a ideia é transar. E o casal deveria desfrutar da ocasião. Aproximem-se fisicamente, beijem-se, troquem carícias, aninhem-se um no outro – depois, observem o que acontece. Ficaram apenas no beijo, nas carícias e no contato físico? Ou deu para ir além disso? O que você acha?

Marcar na agenda um horário para correr ou fazer yoga parece uma coisa comum para todos nós. Mas marcar uma hora para fazer sexo é algo difícil de imaginar para a maioria das pessoas. No entanto, o sexo é muito semelhante à corrida ou ao yoga. Em geral, o prazer vem com a prática. Após duas voltas no parque, o corpo já se sente bem e o desconforto do início passa. Após vinte minutos de yoga, a falta de vontade ("Será que hoje tenho mesmo de me levantar?") vai embora. Com o sexo não é diferente. Nele, o prazer também surge durante a prática, mesmo que antes a disposição não seja muito grande: uma vez iniciado o ato, surge a vontade de obter mais.

Para a maioria dos casais que o experimenta, o sexo com hora marcada é uma ótima experiência. Contudo, existem algumas regras. A mais importante é que tudo é *permitido*, mas nada é *obrigatório*. Se vão sentir vontade de algo mais durante os beijos e as carícias, isso é o momento que vai dizer. Se acontecer, ótimo; se não, também não há nenhum problema.

POR QUE O *SEXDATING* FUNCIONA TÃO BEM?

Em primeiro lugar, no sexdating ninguém precisa necessariamente dar o pontapé inicial. Em muitos casais, um dos parceiros costuma tomar a iniciativa para o sexo e reclamar da falta de disposição do outro, pois ele também gostaria de desfrutar de vez em quando da sensação de ser desejado. É compreensível. Por isso, marcar um encontro para fazer sexo em determinado momento satisfaz casais em que um dos parceiros é reservado em seus avanços.

Em segundo lugar, nenhum dos dois é obrigado a "estar no clima". Isso torna o sexo muito mais simples – e bem mais provável. A partir de determinado nível de estresse e cansaço, a maioria das pessoas já não tem estímulos eróticos espontâneos (▶ Equívoco nº 5: Sempre dá para fazer sexo, mesmo sob estresse). Por isso, o *sexdating* é adequado para todos os casais que sofrem muito estresse, independentemente de terem filhos ou não. Em geral, durante as carícias, os beijos e o contato físico, as sensações eróticas surgem de maneira espontânea – sensações que antes não eram percebidas.

Em terceiro lugar, nessa forma de sexualidade, o homem não precisa, necessariamente, sentir-se excitado nem ter ereção. Desse modo, os homens ficam com menos medo de falhar – esta é uma das principais razões pelas quais os homens evitam o sexo, embora gostem de praticá-lo (▶ Equívoco nº 14: Os homens sempre podem e querem).

Por isso, somente o *sexdating* pode ajudar o casal a ter muito mais sexo. E, para a maioria das pessoas, sexo com mais frequência também significa sexo de melhor qualidade.

EQUÍVOCO Nº 13:

"NO SEXO, TUDO DEPENDE DA QUALIDADE."

Por que sexo com mais frequência também significa sexo com qualidade

"Dinheiro atrai dinheiro", diz o dito popular, quase uma regra financeira. "Pois a quem tem, mais será dado, e terá em grande quantidade", diz outro, uma sabedoria que parece evocar muito mais seriedade, afinal, é citada na Bíblia, no Evangelho de São Mateus, e, por isso, também é chamada de "regra de Mateus". A ciência conseguiu comprovar a validade dessa regra em tantas áreas da vida humana que ela acabou recebendo a designação de "efeito Mateus". Todo o mundo conhece o fenômeno: quem tem um trabalho interessante e muitos amigos também costuma ter um parceiro simpático ao seu lado. Quem sabe muito aprende coisas novas com mais facilidade. E quem já está feliz em seu relacionamento também costuma ter sexo de qualidade – nesse aspecto também vale a *regra de Mateus*. Como a vida pode ser injusta!

MAIS UMA VEZ, OS HORMÔNIOS

Quem faz muito sexo recebe ainda mais e melhor! Portanto, no sexo, o efeito Mateus também desempenha um papel, que parece ser condicionado pelos hormônios. Por um lado, os hormônios liberados durante o sexo elevam nossa vontade de mais sexo. E não para por aí: sexo com mais frequência também torna a experiência sexual mais intensa. Por essa razão, muitas pessoas sofrem tanto quando se lembram do tempo de namoro, quando costumavam ter muito sexo. Nessa época, o sexo era excelente *não apenas* porque estavam apaixonadas. Também era *frequente* e, por isso, fascinante e maravilhoso. É claro que isso não acontece quando a sexualidade é praticada sem prazer, sob pressão ou por um senso de obrigação.

De resto, ocorre exatamente o contrário: assim como o sexo alimenta o sexo, a falta dele também se alimenta de sua ausência. Se um casal só transa uma vez ou outra, por exemplo, devido a uma doença que custou a sarar ou ao nascimento dos filhos, infelizmente essa escassez de sexo levará a uma falta ainda maior. E esse sexo escasso será menos intenso e menos vinculante, o que sempre leva a mais frustração.

Mas você pode reverter essa tendência; é só tentar. Reserve um tempo para o sexo em um final de semana sem filhos ou nas férias. Acredite: quando um casal faz sexo diariamente ou a cada dois dias, por mais de duas semanas, depois já não consegue deixar de praticá-lo com frequência. E essa é a melhor garantia que existe contra o divórcio ou a separação.

Desse ponto de vista, pode-se dizer que praticar sexo com frequência é quase como cultivar um bom hábito. Por isso, marcar uma hora para ele também é um caminho muito eficaz para animar o sexo entre os parceiros (▶ Equívoco nº 12: Primeiro vem o desejo, depois, o sexo).

É óbvio que o sexo frequente também depende das decisões que tomamos, pois praticá-lo ou não é uma questão não apenas de vontade. Também depende das prioridades que estabelecemos. E, se você achar que o sexo é importante para sua vida, então talvez fosse bom reavaliar suas prioridades. Será que tem mesmo de assistir àquele filme romântico que vai passar na televisão? Será que a partida de futebol do seu time favorito é mais importante do que o sexo cheio de paixão que pode ser desfrutado com a pessoa que você ama? É você quem decide o que acha importante o suficiente para fazê-lo com frequência.

EQUÍVOCO Nº 14:

"OS HOMENS SEMPRE PODEM E QUEREM."

Por que os homens – tal como as mulheres – às vezes não querem saber de sexo

Em meu consultório, sempre vejo a mesma situação: homens não são, absolutamente, máquinas sempre prontas a fazer sexo, como quer o mito. Pela minha experiência, as quatro principais razões para um homem não querer sexo são as seguintes:

- *Primeira*: ele costuma se sentir criticado e, por isso, do ponto de vista emocional, afasta-se aos poucos da mulher.
- *Segunda*: está sob forte estresse, por exemplo, no trabalho.
- *Terceira*: sua parceira reage de modo negativo quando ele não está a fim. Isso reforça ainda mais sua falta de vontade.
- *Quarta*: vive em um relacionamento em que um dos parceiros – ou ambos – evita conflitos a todo custo.

Como comparação, também quero apresentar "minha" lista de razões pelas quais a mulher perde a vontade de fazer sexo:

- *Primeira*: ela costuma se sentir criticada e muito pouco estimada.
- *Segunda*: está sob forte estresse, por exemplo, no trabalho ou com os filhos – ou ainda com a conciliação entre trabalho e família.
- *Terceira*: seu marido reage de modo negativo quando ela não está a fim. Isso reforça ainda mais sua falta de vontade.
- *Quarta*: essa mulher e/ou seu parceiro tendem a evitar constantemente os conflitos.

Como você pode observar, no fundo, as razões para a falta de vontade são idênticas. Homens e mulheres *não querem fazer sexo* pelos mesmos motivos. E, no relacionamento, buscam as mesmas coisas: dedicação positiva, reconhecimento e estima. Buscam a *positividade*.

Além das quatro razões apresentadas, a sexualidade do lado masculino é ainda mais ameaçada. A quinta razão é que os homens, por si sós, também esperam que *sempre podem e querem* – afinal, existe um clichê a ser atendido! Mas se, por exemplo, estiverem passando por um forte estresse e por isso não estiverem a fim quando a parceira lhes fizer uma proposta clara, eles se sentirão menos viris, pois, como homens, esperam de si mesmos que sempre podem e querem. Esses sentimentos podem levá-los a evitar cada vez mais a sexualidade.

Há outro caminho especificamente masculino na falta de vontade: ele inicia um jogo erótico com a parceira, mas não chega à ereção. Isso é bem comum. Aliás, chega a ser normal (▶ Equívoco nº 7: As principais causas dos problemas de ereção são físicas). Mesmo assim, isso também pode levar o homem a se sentir pouco viril – caso ele (ou a parceira) espere que a ereção ocorrerá em qualquer ocasião. A sensação de falta de virilidade é tão desagradável que esses homens se esforçam para evitá-la, bem como as situações em que ela aparece.

CINCO RAZÕES PARA A ESCASSEZ DE SEXO

Eu gostaria de observar junto com você, leitor, as cinco razões para um "não" ao sexo. É evidente que há muitos outros motivos.

Em primeiro lugar: muita crítica e falta de reconhecimento no relacionamento sabotam a sexualidade. Com elas surgem muitos sentimentos negativos ("Ela não deveria falar comigo assim!"; "Faço de tudo, e o que recebo em troca? Ridicularização e ironia!"). Esses sentimentos impossibilitam uma sexualidade movida pela paixão. O *poder da positividade* encontra aqui sua contraparte destrutiva: o *poder da negatividade*. Com isso me refiro a comportamentos como desdém, críticas e desprezo, que prejudicam os sentimentos de um casal e, por conseguinte, também a sexualidade no relacionamento. Têm até o potencial de paralisar por completo a vida sexual do casal.

Não é de surpreender. Experimentar reconhecimento, dedicação e estima é o que compõe o principal motivo para se iniciar um relacionamento. Se essa dedicação positiva não acontece, o relacionamento corre riscos a longo prazo. Passa para a área escorregadia e fica à deriva, rumo ao abismo. Nessa situação, não raro a sexualidade dos parceiros é a primeira e mais notável vítima.

Em segundo lugar: o estresse como exterminador do relacionamento e perturbador da sexualidade – o que se pode dizer a esse respeito e como casais podem fazer sexo com mais frequência, apesar da grande quantidade de estresse, você descobriu em outro capítulo do livro (▶ Equívoco nº 5: Sempre dá para fazer sexo, mesmo sob estresse). Nele você conheceu as principais estratégias para conseguir enfrentar o estresse e seus efeitos na sexualidade.

Em terceiro lugar: quando o parceiro reage de modo negativo à falta de vontade. Trabalhe o "não" de maneira construtiva. Se seu parceiro ou sua parceira recusa uma proposta erótica ("Hoje não, por favor!"), dedique-lhe um breve momento de atenção positiva. Mais informações sobre esse princípio da reação positiva a recusas e seu incrível efeito sobre a sexualidade no relacionamento você encontra a partir da página 48 (▶ Equívoco nº 6: Quando um parceiro quer mais sexo do que o outro, não há o que fazer).

Em quarto lugar: evitar constantemente os conflitos quase sempre leva o relacionamento a um beco sem saída (▶ Equívoco nº 17: Harmonia é a coisa mais importante para um relacionamento). Também conduz muitos casais à grande infelicidade da falta duradoura de apetite sexual.

Em quinto lugar: o homem sempre "tem de" querer e poder – enquanto nada mudar em nossa imagem social da masculinidade, as dificuldades dela resultantes continuarão a se manter. Em uma sexualidade igualitária e de boa qualidade, nem os homens nem as mulheres têm a obrigação de estar "sempre prontos".

QUEM CUIDA QUANTO DA CASA?

Deixei para o final uma dica bastante emocionante sobre a sexualidade. Trata-se de uma dica dupla, ou seja, interessante tanto para os homens quanto para as mulheres, e que se refere a um tema controverso nos relacionamentos, podendo prejudicar a sexualidade por levar a sentimentos negativos: *a divisão do trabalho doméstico entre os parceiros.*

Talvez você se surpreenda com o fato de que algo aparentemente tão banal como o trabalho doméstico possa ter alguma influência sobre a sexualidade de um casal. A divisão do trabalho doméstico entre homens e mulheres é uma área do relacionamento em que, nos dias de hoje, as mulheres costumam se mostrar bastante insatisfeitas. Os cientistas chegaram ao evidente resultado: casais com uma divisão justa do trabalho doméstico mostram-se bem mais satisfeitos com sua sexualidade do que aqueles em que a mulher tem a impressão de que as tarefas foram partilhadas de modo injusto. Portanto, o fator decisivo não é se cada um deles cumpre a *metade do serviço doméstico*. Decisivo é apenas se a mulher *acha justa* a solução para a divisão das tarefas. E em geral é o que acontece quando a parte que cabe ao homem no serviço doméstico está longe de chegar aos 50%.

Por isso, aconselho aos homens que perguntem às suas mulheres se estão satisfeitas com a atual divisão das obrigações domésticas. Perguntem a elas em que setor precisam de mais ajuda. Levem as respostas a sério. Sinalizem às mulheres que estão prontos para aliviar a carga de trabalho delas. Cuidem para que fiquem satisfeitas com a divisão. Para tanto, também vale a pena pôr a mão no bolso e pagar uma empregada. Ou alguém para limpar as janelas. Vocês não vão se arrepender.

E às mulheres, pergunto: acham justa a divisão do trabalho doméstico em seu relacionamento? Conseguem responder "sim" sem titubear? Ou acham que o parceiro deveria assumir mais responsabilidades e ajudar mais na limpeza, na lavagem da louça, nas compras e na cozinha?

Conversem com o parceiro sobre o tema da divisão de tarefas domésticas. Deixem claro para ele que tipo de apoio desejam. Sei que muitas vezes essas conversas não são fáceis. Talvez lhes seja útil saber como iniciar uma conversa problemática (▶ Equívoco nº 22: Relacionamentos fracassam porque os casais brigam demais). Talvez criem mais coragem para esse tipo de conversa se antes esclarecerem a questão decisiva sobre como é possível mudar o parceiro (▶ Equívoco nº 20: Não dá para mudar o parceiro). Portanto, não tenham pressa em ter essa conversa. É bem provável que o problema da divisão injusta do trabalho doméstico em seu relacionamento não seja recente – portanto, pode muito bem esperar mais uns dias ou semanas por uma solução. Mas vocês podem se sentir otimistas pelo menos em relação a uma coisa: esse problema *tem* solução. E, por certo, não é o que acontece com a maioria dos problemas de relacionamento.

PROBLEMAS SÃO COMO PEIXES-DOURADOS:

CRESCEM QUANDO ALIMENTADOS

RELACIONAMENTO

- É necessário resolver todos os problemas no relacionamento.
- A estabilidade do relacionamento depende apenas da intensidade dos sentimentos.

Dois mitos do amor. Dois dentre uma infinidade deles. Em qual você acredita? Talvez pense que discutir a relação seja um procedimento adequado para tornar o relacionamento feliz e duradouro. Pode ser. Mas você também pode estar enganado, pelo menos se dermos crédito ao que diz a ciência.

Dificilmente um projeto é iniciado com tanta esperança e expectativa, e falha com tanta regularidade, quanto um relacionamento amoroso. Isso também chamou a atenção do pai dos conselheiros amorosos, o psicanalista e sociólogo Erich Fromm (*Die Kunst des Liebens* [A Arte de Amar]): "Se isso acontecesse a alguém em outro campo da vida humana, todos ficariam ansiosos para conhecer a razão dos fracassos e entender como evitá-los. Não é o que acontece com o amor". Não é à toa que seu livro se chama *A Arte de Amar*. A arte vem da capacidade.

Em contrapartida, mitos populares do amor nos permitem acreditar no seguinte: não há o que saber nem o que poder. Temos de nos apaixonar... e pronto.

A realidade do amor é diferente. *Saber* e *poder* são dois valores centrais para a verdadeira arte do amor. E sobre ele se pode, de fato, aprender muita coisa. Sobre o que o fortalece, enfraquece e o mantém vivo por um longo tempo.

EQUÍVOCO Nº 15:

"O AMOR É UM FENÔMENO INEXPLICÁVEL."

Por que o amor existe

Por que o céu é azul? Por que existem relâmpagos e trovões? Por que o sol se levanta de manhã e se põe ao final do dia? Perguntas e mais perguntas. Há muito tempo, as pessoas tentam entender todos esses fenômenos. É evidente que isso também vale para o amor. A flecha lançada pelo deus grego Eros já desempenhava um papel muito antes que filósofos da Antiguidade começassem a investigar os fenômenos naturais ao seu redor.

Os filósofos antigos logo imaginaram que a questão mais radical talvez não fosse sobre a essência das coisas, por exemplo, sobre a essência do mundo, ou seja, sobre o "como". Muito mais perturbador e desconcertante era deparar com a pergunta: *por que* algo existe, em vez de simplesmente não existir nada? *Por que* existem o mundo, o céu, a lua e as estrelas? *Por que* tudo isso está aí? Também vale a pena fazer essa pergunta existencial no amor. Antes de nos esforçarmos para compreender *como* é o amor, é útil questionar *por que* ele existe. Para tanto, precisamos entender o ser humano e sua condição especial na natureza.

SOBRE MORCEGOS E A FELICIDADE NO AMOR

Nas noites de verão, quando olho pela janela, volta e meia vejo passar correndo uma pequena sombra. É um morcego que tem sua morada em algum lugar perto da minha casa. Para nós, seres humanos, os morcegos parecem animais bastante misteriosos. Mas por quê? São mamíferos, como nós. E têm um parentesco muito próximo dos macacos. Exatamente como nós. Por isso, na Europa, chegam a ser os seres vivos mais próximos de nós do ponto de vista genético. No entanto, não há dúvida de que são muito diferentes.

Provavelmente, meu morcego – vamos chamá-lo de Marph – vive no madeiramento quente de algum telhado. Ali passa seus dias, dormindo pendurado de cabeça para baixo, junto com outros morcegos e seus filhotes, em uma espécie de moradia comunitária. Ao anoitecer, Marph sai em busca de comida para si e seu recém-nascido. Em algumas semanas, seu filhote – vamos chamá-lo de Rak – já estará grandinho, poderá voar e sair em busca da própria comida. Algum tempo depois, vai embora viver sua vida – após uma infância de apenas três meses. Sua mãe nunca mais vai revê-lo. *Morcegos são, de fato, criaturas estranhas!*

Mas o que estou dizendo? Do ponto de vista dos morcegos, a vida deles nada tem de estranha. De seu ponto de vista, somos nós os estranhos. Até demais. Tomemos como exemplo a infância longuíssima de um filhote de ser humano. Os morcegos não passam nem 1% de sua vida sob a tutela dos pais. Entre os seres humanos, os números são drasticamente mais elevados. Isso já acontecia antes na história da humanidade – parto do princípio de que, mesmo na Idade da Pedra, em quarenta anos de vida, o indivíduo dependia pelo menos durante doze de seus pais. E hoje também não é diferente: por quase vinte anos, um jovem em nossa sociedade é cuidado, sustentado e acompanhado pelos pais – portanto, quase um quarto de sua vida. Nenhum outro ser vivo depende por tanto tempo dos pais como o ser humano. Nesse sentido, somos de fato únicos. Sem concorrência. Sem igual. A infância extremamente longa do ser humano poderia muito bem entrar para o livro dos recordes.

Há milênios, a sobrevivência da espécie humana depende do fato de que os homens veem como sua missão arranjar comida para os descendentes, limpar o nariz sujo deles, cuidar com zelo de suas crianças doentes e instruí-las em tudo o que for necessário para viverem e sobreviverem como seres humanos.

A criança tem uma chance de sobrevivência maior quando os pais – sobretudo a mãe – cultivam um vínculo emocional com ela. Além disso, sua chance de sobrevivência é maior quando os pais colaboram com seu bem-estar. Os animais também cooperam para conseguir criar os filhotes. Muitas aves fazem isso. Mas ninguém coopera por tanto tempo quanto o ser humano. Vinte anos é muito tempo.

O amor acabou surgindo dessa necessidade. Portanto, em seu cerne, é uma questão nem um pouco romântica. As pessoas travaram e travam relacionamentos umas com as outras porque isso é importante e necessário para sua sobrevivência. Disso surge o amor. Tanto aquele entre pais e filhos quanto aquele entre homem e mulher. O amor no relacionamento deve assegurar que, além da mãe, a criança tenha um pai que lhe arranje comida e cuide dela por muitos anos. E o mesmo hormônio que garante o vínculo da mãe ao filho também assegura o vínculo entre os pais. Seu nome: oxitocina (ver também página 30).

O AMOR COMO SOLUÇÃO PARA OS PROBLEMAS

Parece muito prosaico para você? Não gosta da ideia de que os opostos se atraem e de que, em sua origem, o enamoramento tem um sentido e uma finalidade tão profanos? Isso acontece com muita gente. Adoramos a imagem do deus Eros – entre os romanos, Amor –, que lança sua flecha e inflama o coração de duas pessoas. Adoramos a ideia romântica de que o amor é algo sobrenatural. Mas não é.

O romantismo do amor não faz nenhum mal a esse conhecimento. Fenômenos naturais, como um relâmpago e o trovão subsequente, continuam sendo fascinantes, majestosos e impressionantes, apesar de sabermos há muito tempo que todos eles têm explicação. É claro que sentimos um pouco de medo quando há trovoadas, mas não tememos a ira dos deuses sobre nossa cabeça. E é bom que seja assim.

"Toda vida é resolução de problemas", disse certa vez o filósofo Karl Popper. A duração muito longa da infância humana é um desses problemas. O grande desamparo e a necessidade de proteção do bebê humano também. Ambos os problemas requerem uma resolução convincente. Não há o que criticar na solução encontrada pela natureza.

Os sentimentos humanos continuam sendo o que são e como são, ainda que tenham um núcleo racional. Nossos sentimentos são o componente central – e até que agradável – de nossa personalidade. E perduram mesmo quando a dedicação recíproca e o desejo de fazer sexo com o outro já não impliquem, necessariamente, a geração de filhos. Podemos viver relacionamentos sem ter descendentes. Podemos viver em relacionamentos homossexuais. Nesse sentido, hoje somos livres para fazer o que quisermos. Porém, não somos livres no que se refere à importância do amor para nossa vida. O amor desempenha um papel muito relevante, pois a natureza assim previu.

O AMOR COMO PORTO SEGURO

O amor que dá certo é algo maravilhoso. Ele nos anima, nos deixa cheios de vida e de energia, dando-nos uma sensação de união. É nosso porto seguro, nossa pátria (▶ Equívoco nº 3: A sexualidade é uma pulsão). Em contrapartida, um relacionamento infeliz rouba-nos força, energia e tempo de vida. É tudo, menos um porto seguro. Assemelha-se a um oceano tempestuoso que empurra o navio de nossa existência. Um relacionamento infeliz encurta a vida em inacreditáveis quatro anos. Em média! Para homens, em até dez anos. Um relacionamento infeliz enfraquece o sistema imunológico, tornando-nos mais suscetíveis a doenças.

Ao contrário das gerações anteriores, temos a liberdade de sair de um relacionamento infeliz. Temos a liberdade e o direito de decidir ter uma vida feliz. E mesmo que, em geral, a separação seja apenas a segunda melhor solução, ela não deixa de ser uma.

Nós próprios podemos determinar, aqui e agora, se vivemos em um relacionamento feliz ou infeliz. Graças à pesquisa psicológica, hoje sabemos muito sobre o que distingue um relacionamento feliz de outro infeliz. E sabemos como os casais podem evitar arruinar sua relação.

Sabemos como podem fortalecê-la através de conversas (▶ Equívoco nº 18: Parceiros que fazem muitas coisas juntos acabam fortalecendo seu relacionamento).

Sabemos como iniciar uma conversa difícil e como não o fazer (▶ Equívoco nº 23: Discutir melhora o relacionamento).

Sabemos se é útil discutir os problemas a fundo ou não. E sabemos por que tudo é assim.

EQUÍVOCO Nº 16:

"É PRECISO DISCUTIR A FUNDO TODO TIPO DE PROBLEMA."

Problemas são como peixes-dourados: crescem quando alimentados

A segunda metade dos anos 1960 foi um período agitado e nos deixou muitos legados. Moradias comunitárias, por exemplo. Ou cartazes com a foto de Che Guevara. Ou ainda ditos populares como: "Quem dorme duas vezes com a mesma pessoa vira burguês". E, por fim, também a crença inabalável na importância das discussões, ou seja, no fato de que os problemas têm, necessariamente, de ser discutidos – e resolvidos – a fundo. *Conversem um com o outro. Esclareçam todos os problemas por meio do diálogo.* Hoje esses conselhos estão por toda parte. No entanto, há muitas razões pelas quais a *discussão a fundo* sobre os problemas no relacionamento acaba, por sua vez, gerando mais problemas.

O CASAMENTO PERFEITO: CONCENTRAR-SE NO QUE É POSITIVO

Problemas no relacionamento são inevitáveis. A razão está em um fato que costuma ser negligenciado: *duas pessoas sempre são diferentes*. Admitamos que é muito fácil ignorar esse ponto em um relacionamento, pois, no início de uma relação, a maioria das pessoas fica tão inundada de hormônios euforizantes que, nas primeiras semanas e nos primeiros meses, nem notam suas diferenças. Mais tarde, essa visão distorcida se altera, muitas vezes dando lugar a outra, tão distorcida quanto: agora, os erros do outro não apenas são vistos, como são *quase exclusivamente* a única coisa que se vê. Não é de admirar – para quem estava no sétimo céu, o desembarque na realidade é muito decepcionante.

Um provérbio árabe descreve muito bem minha opinião de como podemos ter um relacionamento feliz: "Antes do casamento, olhos bem abertos. No casamento, olhos semicerrados". Acredito que muitos problemas entre casais surjam porque as pessoas fazem justamente o contrário: antes do casamento, mantêm os olhos semicerrados e, quando se casam, deixam-nos bem abertos.

Como duas pessoas são diferentes, não é de surpreender que, em um relacionamento, entrem em conflito com seus desejos e interesses. Mas por que não devem discuti-los a fundo? Por que uma conversa inofensiva sobre as *manias dele* ou os *hábitos dela* prejudicaria o relacionamento? Muito simples: *discutir* problemas tem um desagradável efeito colateral. Se na fase do enamoramento os pensamentos e sentimentos positivos tinham posição central, depois, costumam surgir cada vez mais os negativos. Passado o enamoramento, vemos sobretudo o que *não* gostamos no outro.

Para voltar ao provérbio árabe: *agora, arregalamos bem nossos olhos*. Vemos o que antes não víamos. Ou então, pelo menos, o registramos com mais atenção e o avaliamos de maneira negativa. E, se a negatividade ocupar muito espaço em um relacionamento, o amor também sofrerá.

Por isso, *discutir* os problemas *a fundo* infelizmente não os torna menores; ao contrário, eles crescem sem cessar. Tornam-se cada vez maiores. De fato, problemas são como peixes-dourados: crescem quando alimentados.

Os que viveram em 1968 sentiram na própria pele a desvantagem de sua cultura de discussão para os relacionamentos. Em vez dos excessos sexuais, em pouco tempo tiveram de passar as noites lidando com algo bem diferente: discussões.

POR QUE DISCUSSÕES DURADOURAS PREJUDICAM O RELACIONAMENTO

Discussões entre parceiros seguem o modo "sou eu quem tem razão". Ou seja, o lema é: *Sou eu quem tem razão, entenda isso de uma vez por todas*. Se um dos parceiros quiser descansar nas férias, dormir até mais tarde e levar o dia com tranquilidade, mas o outro quiser de todo jeito fazer uma porção de coisas e pular da cama logo cedo, discussões segundo o lema "sou eu quem tem razão!" não vão adiantar – pois nada há de errado em querer descansar nem em fazer uma porção de coisas.

Se cada um dos parceiros quiser convencer o outro de que está com a razão e de que o outro está errado, isso jamais vai funcionar. Em geral, o outro não está errado, apenas tem uma visão diferente das coisas. Tem outras percepções da vida, outros desejos e outras expectativas em relação ao futuro. Por quê? Porque é uma pessoa diferente! É simples assim. Pouco ou nada muda com discussões ou tentativas de persuasão. Nesse caso, o que cada um deseja em seu mais profundo íntimo é a vitamina C: *compreensão*. O parceiro tem de entender por que vemos as coisas de um modo diverso do dele; por que o outro quer tranquilidade e descanso; por que isso é importante para ele. Também ajuda se o parceiro que quer descanso compreender por que o outro quer fazer uma porção de coisas nas férias. Ele é assim e quer ser compreendido em seus desejos e em suas necessidades.

Ajuda se os parceiros se esforçarem para compreender o desejo um do outro. Ajuda mais ainda se ambos manifestarem sua compreensão pelo desejo do outro. Depois disso, ainda terão de encontrar uma solução. Mas, com a *vitamina C*, será muito mais fácil.

EQUÍVOCO Nº 17:

"HARMONIA É A COISA MAIS IMPORTANTE PARA UM RELACIONAMENTO."

Por que os parceiros precisam discutir se quiserem continuar sendo um casal feliz

Sabine: Neste ano, não quero voltar a Ibiza.

Jannis: Mas por quê? No ano passado você gostou e nos divertimos tanto. Não se lembra?

Sabine: Eu sei. Minha memória ainda funciona. Mas mesmo assim não quero voltar a Ibiza. Há tantas outras ilhas bonitas que ainda não conheço. A Ilha da Madeira, por exemplo, ou Fuerteventura.

Jannis: Mas meus pais têm conhecidos que podem emprestar um bangalô para a gente em Ibiza. Nem vamos precisar pagar.

Sabine: Não ouviu o que eu disse? Estou dizendo que NÃO QUERO VOLTAR A IBIZA. Fim de papo!

Eis a primeira conversa de Sabine e Jannis sobre os planos para as férias do ano seguinte. A conversa é rápida; tenho a impressão de que, nos dois minutos que durou, foi dito tudo o que era importante. Não faz sentido continuar a falar a respeito nem repetir os argumentos, e felizmente Sabine e Jannis sabem disso. Portanto, não estão tentando *esgotar* seus diferentes pontos de vista. Contudo, no futuro terão de lidar com outros desejos relativos às férias, pois o tema continuará existindo para ambos. Vão querer viajar juntos. Portanto, terão de entrar em um acordo.

Em um relacionamento, todos nós queremos ter a sensação sobretudo de aceitação, concordância e dedicação. E a maioria das pessoas supõe que os parceiros serão mais felizes e terão mais chances de continuarem juntos se, por exemplo, conseguirem concordar com rapidez, sem discussão e de maneira eficiente sobre o destino da próxima viagem. Também achamos que os parceiros não combinam um com o outro quando, como Sabine e Jannis, têm pontos de vista diferentes sobre os possíveis destinos de férias, antes de finalmente encontrarem uma solução (Creta!). Mas essa suposição é errônea.

A conversa entre Sabine e Jannis não indica de modo algum que ambos vão se separar em breve. Se quiser saber como é a conversa de um casal que em alguns anos provavelmente já *não* estará junto – ou, pelo menos, não será feliz –, segue um exemplo:

Kai: Meus pais me ofereceram o bangalô de uns conhecidos para passarmos as férias em Ibiza. Como aproveitamos das últimas vezes, acabei aceitando.

Nadine: Tudo bem, se você prefere. [Pausa.] Pensei que talvez a gente pudesse ir a outro lugar desta vez.

Kai [fazendo cara de decepcionado]: Mas agora já aceitei. E minha mãe vai ficar muito chateada, pois pediu a casa aos amigos só por nossa causa.

Nadine: Não tem problema. Se você gosta de Ibiza, tudo bem. Foi só uma ideia. Não tem problema nenhum. Você tem razão, foi muito bom das outras vezes.

Kai [sorrindo]: Ainda bem que você gostou da ideia. Vou ver se ainda há voos baratos. Depois vou ligar para a minha mãe.

A maioria dos terapeutas de casais tem a firme convicção de que esses dois parceiros estão prestes a arruinar seu relacionamento porque *não* querem discutir. Mas convicção é uma coisa controversa. Pode estar correta ou não. Terapeutas também podem se enganar; em suas decisões, podem fazer suposições sobre o amor que, quando bem observadas, revelam-se equivocadas.

É neste momento que a pesquisa entra em jogo. Graças a um estudo excepcional, uma pesquisadora incomum conseguiu responder se os casais costumam discutir ou se preferem zelar pela harmonia no relacionamento. Seu nome: Terri Orbuch.

O QUE O EXCESSO DE HARMONIA FAZ COM UM RELACIONAMENTO?

Às vezes, obras-primas da ciência iniciam-se em pequena escala e passam quase despercebidas. Tal como a de Terri Orbuch. Em meados dos anos 1980, a psicóloga e socióloga norte-americana teve uma ideia fascinante. Queria descobrir o que mantinha os parceiros unidos ou determinava o fim do relacionamento deles. Nessa época, em ambos os lados do Atlântico, o divórcio tinha se tornado um fenômeno bastante comum. Graças às novas leis do divórcio, promulgadas nos anos 1970, o casamento tornou-se filho da liberdade. Muitos casais utilizaram essa liberdade para se separar. Estatísticos registraram o fenômeno com atenção e o consideraram em detalhes. Em seguida, avaliaram suas observações. Um resultado se destacou de maneira significativa: a maior probabilidade de separação mostra-se com maior evidência nos primeiros anos de casamento. No entanto, é óbvio que, com base nos dados de matrimônio e divórcio, ninguém pode julgar de fato há quanto tempo o casal já existia, pois nenhuma igreja nem cartório civil possui livros que registrem quanto tempo os parceiros viveram juntos antes do "sim". E ninguém leva em conta quanto tempo parceiros não casados vivem juntos antes de se separar.

É nesse ponto que a jovem pesquisadora iniciou seu estudo. Queria saber o que os parceiros que sobreviviam aos primeiros anos de casamento faziam para ter sucesso e onde os outros haviam fracassado. *The Early Years of Marriage* [Os Primeiros Anos de Casamento] é o título do estudo, iniciado em 1989.

O estudo de Terri Orbuch sobre casais aponta algumas particularidades que o torna extraordinário desde o princípio: conta com cerca de 750 participantes. Muitos estudos sobre casais lidam com um número que varia de cinquenta a cem. Mais pessoas requerem um investimento maior, algo que muitos pesquisadores evitam. Na maioria das vezes, não sabem se terão recursos financeiros para realizar uma pesquisa mais abrangente. Além disso, o estudo de Terri Orbuch é representativo, correspondendo a um panorama da população. Para estudos sobre casais, isso é ainda mais incomum. Por fim, para que a psicóloga pudesse fazer o levantamento dos dados, também precisou de um bom investimento;

afinal, a pesquisa não foi feita por telefone nem através do preenchimento de formulários por escrito. Cada participante recebeu um entrevistador em sua casa. E isso durante muitos anos!

Os resultados do estudo foram e são tão impressionantes que Terri Orbuch não teve dificuldades para receber subsídios que financiassem a continuação do trabalho. Nesse meio-tempo (2014), sua pesquisa, que ainda é intitulada *The Early Years of Marriage*, já chegou ao vigésimo quinto ano. Tal como o casamento dos parceiros entrevistados – no caso daqueles que continuaram juntos, o que se verificou em metade dos casais.

Durante décadas, Terri Orbuch acumulou resultados fascinantes. Conseguiu demonstrar que os homens acreditam muito mais do que as mulheres em clichês românticos (▶ Equívoco nº 34: Os homens são racionais). Também conseguiu demonstrar que, do ponto de vista emocional, os homens dependem muito mais das mulheres do que elas deles (▶ Equívoco nº 18: Parceiros que fazem muitas coisas juntos acabam fortalecendo seu relacionamento). E, por fim, a psicóloga também encontrou uma resposta para a pergunta: qual o efeito da necessidade de harmonia, bastante sentida pelos casais, para seu relacionamento? Sua resposta: *devastador*. Parceiros que nos primeiros anos de casamento discutem por diversos objetivos e necessidades têm probabilidade nitidamente maior de permanecer juntos do que aqueles que evitam todo tipo de discussão. Ou, em outros termos: quem quiser harmonia no relacionamento a todo custo tem de contar com o fato de que sua relação poderá fracassar.

AS ARMADILHAS DO ROMANTISMO

Por que a harmonia tem um efeito tão catastrófico no relacionamento? E como é possível que tantas pessoas não entendam isso e insistam no contrário? Comecemos pela última pergunta. Por que acreditamos tanto em harmonia? A resposta é surpreendentemente simples e nem sequer representa o conhecimento de nossa sociedade sobre o amor: *porque acreditamos em um ideal de amor romântico.* Ele impregna toda a nossa cultura e é passado adiante por meio de canções e novelas sentimentaloides. O que lemos, assistimos e ouvimos desde cedo deturpa nossa compreensão do amor real e das regras segundo as quais ele funciona.

Se seguirmos o *modelo racional de amor*, do encontro de dois indivíduos com desejos, hábitos, posicionamentos e perspectivas diferentes, veremos surgir um relacionamento. E, para que ambos sejam felizes, os parceiros precisam primeiro *manifestar seus desejos.* Um precisa *conhecer* os desejos e as necessidades do outro. Para tanto, é necessário que haja diálogo. Ambos também têm de *defender com clareza* seus interesses – tal como Sabine fez com Jannis. E, por fim, precisam se esforçar para *sintonizar* e sincronizar seus desejos e suas necessidades. Mais uma vez, isso requer diálogo e às vezes também discussões – além de imaginação. Os dois têm de *pensar* em possíveis *soluções* para os conflitos de interesse e saber negociá-las. Tudo isso compõe a parte central do modelo racional de amor.

O *modelo romântico* – pelo qual costumamos pautar o modo como nos comportamos no relacionamento – é bem diferente. Temos de imaginá-lo mais ou menos como Romeu e Julieta pensavam e agiam em sua época, portanto, como dois recém-apaixonados: *apenas os sentimentos contam de fato* e são fortes o suficiente para que o amor permaneça estável por muito tempo. Para tanto, não são necessárias longas conversas, menos ainda discussões. Quem ama reconhece de forma intuitiva os desejos do parceiro, ou seja, sem que este precise manifestá-los. E os satisfaz com prazer e sem hesitar. *Se você me ama mesmo, então fará tal coisa por mim* – é o que se diria nesse tipo de situação.

Trata-se de uma premissa extremamente perigosa, como é fácil perceber pela discussão entre Sabine e Jannis. Se Sabine quer ir à Ilha da Madeira e Jannis para Ibiza, cada um deles poderia partir do princípio de que o outro deveria satisfazer sua vontade. *Se você me ama, virá comigo para Ibiza.* Como um romântico, Jannis poderia pensar dessa forma no que se refere ao amor. Sob esse ponto de vista, o desejo de Sabine de não querer ir a Ibiza mostraria sua falta de amor por ele. E quanto a Sabine? *Se você me ama mesmo, nem deveria ter sugerido Ibiza.* Esse seria o modo de ver o mundo segundo o modelo do amor romântico. Em ambos os casos, as consequências são previsíveis, e a crise no casamento, iminente. Portanto, o modelo do amor romântico é tudo, menos inofensivo – e isso nada tem a ver com ações românticas, como oferecer flores ou tomar banho juntos à luz de velas. Esse modelo de amor ameaça o relacionamento. Para sempre.

A partir do que foi dito, conclui-se que, segundo todas as previsões, os casamentos correm grande risco quando um ou ambos os parceiros tende de modo marcante para ideais de amor romântico. E foi justamente isso que Terri Orbuch conseguiu demonstrar com seu estudo. O que ela descobriu com suas pesquisas é a prova mais cristalina de que o modelo de amor romântico faz o amor entre duas pessoas fracassar, pois elas não são capazes de lidar de maneira franca e honesta com seus desejos e suas necessidades. Nos casais acompanhados pelo estudo, os homens com forte pendor para clichês de amor romântico confrontaram--se muito mais com o divórcio do que os que tenderam a assumir uma posição realista em relação ao amor (▶ Equívoco nº 34: Os homens são racionais).

Por seu parceiro, no próximo ano, Nadine voltará a Ibiza. Já renunciou várias vezes aos próprios desejos – pelo bem do relacionamento com Kai. Adaptou-se às necessidades dele. Quando isso acontece de vez em quando, não há nenhum risco. Ir para Ibiza para satisfazer o outro nem chega a soar como ameaça para um relacionamento. E não é. Os problemas começam quando um dos parceiros (ou até ambos) costuma deixar de lado as próprias necessidades em prol da paz no amor.

Se o parceiro não defender seus desejos e suas necessidades e, em nome da harmonia, incorrer sempre em acordos inconsistentes, acabará por desenvolver a sensação de que sai em desvantagem – e com razão! Resultado: ambos passam a reclamar cada vez mais um com o outro. Mais cedo ou mais tarde, isso também acabará prejudicando a sexualidade do casal. A cumplicidade desaparece, a intimidade se reduz. O cotidiano dos parceiros pode até continuar funcionando: vão às compras, visitam os amigos e fazem alguma programação juntos. Mas a ligação interna sofre uma erosão cada vez maior. Muitos desses casais acabam por se separar. Outros se acomodam em um relacionamento insatisfatório.

Felizmente, Sabine e Jannis serão poupados desse destino. Com certeza terão opiniões diferentes de vez em quando, não apenas ao planejarem uma viagem. Não escondem suas necessidades. Nas próximas férias, irão para Creta. E ambos estão satisfeitos com essa solução.

EQUÍVOCO Nº 18:

"PARCEIROS QUE FAZEM MUITAS COISAS JUNTOS ACABAM FORTALECENDO SEU RELACIONAMENTO."

Por que o diálogo sobre o dia a dia é o que mais ajuda um relacionamento

Marlies está nervosa. Mais uma vez, Rolf rebateu mal a bola. Rolf também está irritado. Após um longo dia de trabalho, queria relaxar jogando tênis. Para ele, pouco importa rebater bem a bola ou não. Por ele, estariam nesse momento em seu agradável terraço, observando o gato brincar com a bolinha amarelo-limão e conversando com tranquilidade. Mas isso não é possível, pois Marlies acha que fazem pouca coisa juntos. *Casais que fazem coisas juntos fortalecem o relacionamento* – Marlies leu isso várias vezes e, por esse motivo, quer que ambos saiam mais. Por isso, Rolf encarou o horário de pico no trânsito e correu para estar pontualmente na quadra de tênis reservada. Porém, em pensamento, ainda estava no trabalho.

Será que Rolf e Marlies precisam mesmo jogar tênis juntos para prolongarem seu relacionamento? Será que é isso que vai uni-los? Vejamos a situação com mais atenção: Rolf acabou de rebater mal outra bola, Marlies bufa baixinho, mas de maneira perceptível, e o casal com quem estão jogando já está bastante irritado com eles. Rolf percebe muito bem a insatisfação de Marlies. Em pensamento, ainda se sente como se estivesse tendo uma discussão desagradável com um colega, que quer contestar um novo e interessante projeto de trabalho.

Casais que fazem coisas juntos fortalecem seu relacionamento? Neste momento, parece mais que fazer atividades juntos não traz nenhum benefício, nem a Rolf nem a Marlies. Ambos estariam melhor se ela tivesse ido jogar tênis sozinha e ele pudesse ter voltado com toda a tranquilidade para casa, tendo tempo para tomar banho ou sair para correr antes que Marlies retornasse.

PASSAR O TEMPO LIVRE JUNTOS NÃO AJUDA

Será que os parceiros precisam mesmo fazer muitas coisas juntos para formarem um bom casal? A resposta é "não". Casais felizes não se distinguem dos infelizes pela quantidade de atividades que realizam juntos. Um dos fenômenos da vida moderna em uma sociedade do tempo livre é o fato de casais considerarem a programação de seu tempo livre como parte de seu relacionamento. Nossos avós não faziam isso, e nos milênios antes deles os parceiros também deviam se virar muito bem sem organizarem atividades juntos.

Hoje isso mudou. Para adolescentes e jovens adultos, o tempo livre passado em conjunto é a parte mais importante e motivadora do relacionamento – além do sexo, é claro. Mas, então, para que ter um parceiro se não for para desfrutar com ele o lado bom da vida? Para jovens de 20 anos, um bom namorado ou uma boa namorada é alguém que ouve a mesma música e, nos finais de semana, gosta de ir aos mesmos lugares que seu parceiro. Mas, se ambos trabalharem – como Marlies e Rolf – ou, ainda por cima, tiverem filhos, é evidente que o tempo para atividades será curto. Ambos precisam decidir se querem encontrar um amigo ou se irão juntos a um *show* de música; se vão correr no parque ou se preferem ficar na frente da televisão.

Contudo, um relacionamento longo e estável não é uma comunhão voltada para o tempo livre, e sim uma estreita união emocional, que merece ser fortalecida. Mas como? Estudos comprovaram que de fato há uma atividade que fortalece visivelmente a coesão de um casal – e não é o jogo de tênis. É o *diálogo sobre o que cada um fez durante o dia*.

O DIÁLOGO É O NÚCLEO DO RELACIONAMENTO

Após alguns anos de relacionamento, os parceiros conversam apenas de oito a doze minutos por dia. É muito pouco. Em contrapartida, os programas de televisão recebem 220 minutos de atenção – todo santo dia. A tendência é crescente. Quanto desperdício de tempo de vida!

É no diálogo que os parceiros produzem sua afeição interna. Por isso, a conversa é um elemento central da intimidade e do encontro de emoções. Em essência, um relacionamento é uma conversa que dura a vida inteira. Isso tem consequências, inclusive para a escolha do parceiro e suas circunstâncias, pois, visto dessa forma, quando escolhemos um parceiro, *escolhemos uma pessoa com a qual queremos passar nossa vida e podemos nos entender bem.* (▶ Equívoco nº 35: Se você amar a si mesmo, pouco importa com quem irá se casar).

O diálogo é o que decide o destino de um relacionamento. Se o casal se dá bem, seu relacionamento também terá uma vida longa, feliz e estável. Por outro lado, se não conseguir se entender, os sentimentos existentes vão se esfacelando cada vez mais com o tempo. É como se uma forte tempestade levasse embora a areia, pois não há nenhuma raiz que possa retê-la. Assim, ao longo dos meses e dos anos, os sentimentos vão diminuindo cada vez mais. Até a dissolução completa do relacionamento.

Quando falo em *diálogo*, não me refiro à troca de impressões sobre uma compra nem à conversa sobre as novidades no mundo de grandes e pequenas celebridades. Refiro-me ao diálogo dos parceiros sobre si próprios. As perguntas decisivas para tanto são as seguintes:

- Como você está?
- Você é movido por quais sentimentos?
- Como foi seu dia hoje?
- O que foi difícil?
- O que foi bom?

Pesquisas científicas chegaram a uma conclusão inequívoca: *a conversa sobre o dia a dia é, de longe, a forma mais importante de diálogo no relacionamento*. É a garantia mais significativa para a continuidade de uma relação, a possibilidade de existir para o outro – o ato de dedicar-se ao parceiro.

Marlies e Rolf poderiam se poupar muito mais das conversas tensas sobre temas conflituosos (▶ Equívoco nº 23: Discutir melhora o relacionamento). Partidas de tênis em duplas também não são muito úteis para manter o relacionamento nos eixos. O que realmente faria a diferença para eles seria uma conversa sobre o que fizeram ao longo do dia, sobre o período que passaram longe um do outro. Se puderem compartilhar essas vivências – e, por conseguinte, serem solidários –, terão contribuído muito para a estabilidade do relacionamento.

POR QUE A CONVERSA SOBRE O DIA A DIA É TÃO IMPORTANTE

O que confere a essa troca de experiências cotidianas uma importância tão significativa? Casais que passam parte do dia juntos durante a semana, por exemplo, porque trabalham juntos, são minoria. A maior parte só saberá o que o parceiro ou a parceira fez ao longo do dia depois de oito, dez ou doze horas depois do último encontro. Só isso já é razão suficiente para conversar sobre o que aconteceu nesse meio-tempo. Conversar sobre o que se fez durante o dia serve para entender *o que* o outro viveu e *como* foi sua experiência.

No entanto, há outra razão que torna essa conversa tão importante. E tem a ver com o estresse acumulado durante o dia. Rolf, por exemplo, ainda se sente tenso após a discussão com seu colega Thomas. Trabalha em uma pequena equipe, e os conflitos têm influência rápida no clima geral do grupo. Além disso, Rolf não tem a quem recorrer em um caso como esse. Com os amigos gosta de conversar sobre seus sucessos profissionais, não sobre seus problemas.

Já com Marlies é bem diferente. Quando a situação esquenta em seu trabalho, ela usa sua pausa para ligar para Kristina, que, por ser autônoma, costuma ter tempo para ela. Mais tarde, ainda conversa com a irmã. Quando se encontra com Rolf, já conversou com duas pessoas próximas.

Nesse sentido, Marlies está mais bem servida do que Rolf. E não é a única. As mulheres costumam ter mais amizades íntimas do que os homens. Por conseguinte, *os homens costumam ser emocionalmente bem mais dependentes das companheiras do que o contrário*. Essa é uma das mais importantes diferenças de gênero que a pesquisa de fato consegue comprovar. E o mérito dessa conclusão cabe mais uma vez à grande terapeuta, psicóloga e socióloga norte-americana Terri Orbuch. Segundo o evidente resultado de sua pesquisa, quando estão sob estresse, muitos homens só têm um confidente com quem contar: *sua mulher*.

COMPARTILHANDO O ESTRESSE DO DIA

A estratégia mais importante para reduzir o estresse é o diálogo com o parceiro. Se pudermos dividir com ele o estresse do dia, nosso nível de tensão cairá de forma visível. Cem por cento do estresse se reduz para 10% ou 20% depois de compartilhado com o parceiro. Imaginem só! De 100% para 10%, em cinco a dez minutos. Em geral, não é preciso mais tempo do que isso.

Contudo, para essa conversa sobre o dia há uma regra importante: nada de críticas. Portanto, Marlies não deveria criticar o marido, dizendo coisas do tipo: "Como você reclama!" Nem demonstrar compreensão pelo fato de o colega de Rolf querer ficar com o projeto. Por fim, não deve dar ao marido boas sugestões de como lidar com esse colega de trabalho sem criar mais problemas. Para ela, não deve importar o que aconteceu no trabalho. A única coisa que tem a fazer é apoiar Rolf. Sem hesitar. Se não fizer isso, acabará tomando o caminho certo rumo à separação. A maioria dos homens fica muito aborrecida com as parceiras que não os encorajam. E dependem desse apoio porque não contam com outros confidentes.

O que acontecerá com o estresse de Rolf se Marlies não respeitar a regra de "não fazer críticas"? Se Rolf não receber de Marlies a aprovação esperada, seu nível de estresse infelizmente ultrapassará os 100%. Até que ponto? Depende do caso e de como Rolf lida com a decepção diante da crítica. Mas uma coisa é certa: seu nível de estresse vai aumentar, de 100% para 120%, por exemplo.

SERÁ QUE OS HOMENS REALMENTE SÃO DE MARTE?

É claro, o contrário também é válido. Depois de um dia cansativo, Marlies também não precisa de críticas por parte de Rolf, nem que ele lhe diga como devia ter agido para ter se saído melhor. Insisto nessa questão porque nas sessões de aconselhamento de casais sempre vejo mulheres que leram livros segundo os quais os homens seriam de Marte e, por isso, só conseguiriam reagir com conselhos aos relatos de suas mulheres. Já as mulheres (supõe-se) seriam de Vênus e, por isso, reagiriam com mais sensibilidade. Esse é um mito popular do amor que acarreta consequências fatais para os relacionamentos.

Se a mulher acreditar nessa visão das coisas, estará aceitando que seu parceiro é amparado em seu estresse, mas ela, quando estressada, não recebe nenhum apoio emocional. Em vez disso, recebe conselhos com a mensagem: "Você deveria ter agido de tal ou tal maneira".

Nesse tipo de relacionamento, é elevada a probabilidade de a mulher abrir mão, cada vez mais, de apoiar o parceiro e passar a criticá-lo também, ou lhe dar conselhos quando estiver estressado.

Depois de um dia difícil, todos nós, homens e mulheres, queremos ouvir apenas uma coisa: "Coitadinho do meu amor!" E, se o outro ainda nos pegar no colo, mal não haverá de fazer.

DÁ PARA "TIRAR" ESSAS CONVERSAS DO RELACIONAMENTO?

Na primeira parte do livro, alertei sobre o perigo de se tirar a sexualidade do relacionamento e delegá-la a um amante (▶ Equívoco nº 10: Um caso extraconjugal pode animar o relacionamento). Gostaria de renovar essa advertência no que se refere à *conversa sobre o dia*. A conversa sobre pensamentos e sentimentos pessoais também não pode ser retirada do relacionamento sem risco, sendo, por exemplo, transferida a amizades ou à psicoterapia. Desse modo, o relacionamento corre um grande risco de ser minado.

É bom que Marlies desabafe sobre suas preocupações e necessidades com a amiga e a irmã, mas essas conversas também podem se transformar em um perigo para o relacionamento. Se outras pessoas a ouvem com mais atenção do que Rolf, pode acontecer de um dia Marlies se entusiasmar com uma conversa bastante agradável com Kurt, seu ex-colega de escola, que está solteiro de novo há um ano. Ela pode acabar gostando cada vez mais de conversar com ele e, com o tempo, achá-lo cada vez mais simpático. O mesmo vale para Rolf, que, frustrado com as conversas com Marlies, talvez saia de vez em quando com a nova e simpática colega Susanne para tomar um café e acabe tendo com ela um diálogo mais íntimo e pessoal do que com sua mulher. A cada uma dessas conversas, Marlies acaba saindo em desvantagem em comparação com a colega. E as consequências são previsíveis. A certa altura, Rolf se sentirá nitidamente mais à vontade com Susanne do que com sua mulher. Da colega recebe reconhecimento, admiração e compreensão. Recebe uma boa dose de *vitamina C* – só que de outra mulher. E isso por um período regular e mais longo, seguido por um estado de infidelidade emocional. Ele passa a ter conversas particulares e pessoais com outra mulher. Desse modo, a ligação com Susanne cresce cada vez mais, enquanto a que possui com Marlies se enfraquece e perde os vínculos.

Com Marlies, a situação não é muito diferente. Ao longo do tempo, se Kurt se transformar para ela em um confidente mais íntimo do que Rolf, será grande a probabilidade de que ambos reforcem ainda mais a intimidade que têm experimentado. É difícil separar a ligação emocional da física nos seres humanos (▶ Equívoco nº 3: A sexualidade é uma pulsão).

Rolf precisa de intimidade emocional com sua mulher. Marlies tem de ser sua confidente mais próxima, alguém que tenha por ele compreensão, admiração e reconhecimento. E Rolf precisa ser o amigo mais importante e íntimo de Marlies. Somente assim o relacionamento deles entrará nos eixos.

A TRÍADE DA INTIMIDADE

A conversa não é a única forma de vivermos a intimidade em um relacionamento. A sexualidade é o segundo componente da *tríade da intimidade*. E o terceiro: carícias, beijos e abraços.

Vocês chegaram a se perguntar como Marlies e Rolf se cumprimentaram ao se encontrarem na quadra de tênis? Não? Mas deveriam, pois essa é uma pergunta muito importante. Pelo menos mais importante do que a de querer saber se ambos praticam atividades juntos no tempo livre. Teriam Marlies e Rolf trocado um beijo? Em caso afirmativo, por quanto tempo? Teriam se olhado nos olhos? Teria um procurado o olhar do outro? Teriam se abraçado e, em caso afirmativo, por quanto tempo? Essas perguntas são muito importantes para o futuro do relacionamento deles.

Interromper a dedicação física no dia a dia coloca o relacionamento em grande risco e, em geral, também prejudica a sexualidade. Por isso, casais que se importam com seu relacionamento deveriam, necessariamente, manter-se em contato, inclusive físico. Deveriam dedicar atenção e carinho um ao outro. Todos os dias.

No que se refere a *abraços*, recomendo a muitos casais que me procuram o programa "7 × 7". Nele, o casal deve se abraçar sete vezes ao dia por sete segundos. Isso reforça tanto a afeição emocional quanto a física. Em apenas 49 segundos! Nesses abraços, é preciso sentir o corpo do parceiro. Como a maioria tende, de modo intuitivo, a colocar a própria cabeça do lado direito da cabeça do parceiro, seus corações ficam bem próximos. Por isso, essa forma de abraço também é chamada de *abraço de coração*. Minha dica: usem essa forma de contato físico intenso pela manhã, ao se despedirem, e à noite, ao se reencontrarem. Vocês logo sentirão que o "7 × 7" estimula a união e o erotismo.

Os *beijos* também têm sua função em todas as despedidas e todos os cumprimentos. E não me refiro a beijos breves, de amizade. Reservem pelo menos cinco segundos para eles. Beijem-se de manhã, antes de se despedirem, e à noite, quando se reencontrarem e forem para a cama. Isso também reforça tanto a afeição física quanto a emocional.

QUANDO O CACHORRO SE TORNA MAIS IMPORTANTE DO QUE A PARCEIRA

Como escrevo colunas no jornal, às vezes recebo perguntas surpreendentes, como esta: "Desde que estamos com um cachorro, há algumas semanas, sinto-me cada vez mais irritada. Quando meu marido volta do trabalho, cumprimenta o cão com efusividade e, para mim, diz apenas 'oi'. Não está certo isso, está?"

Sinto um calafrio na espinha quando leio esse tipo de carta. Por quanto tempo um casal continua sendo um casal se o cachorro se torna mais importante do que a mulher? É difícil dizer. Depende de quanto tempo ambos já estão juntos. Às vezes, o relacionamento se esfacela em poucas semanas, quando o casal se retrai, logo após o período arrebatador do enamoramento, e passa a se cumprimentar e a se despedir apenas com um frio "oi". É muito fácil destruir um amor jovem quando um diz esse "oi" do sofá e continua com os olhos presos à televisão. Ou então precisa com urgência postar alguma coisa no Facebook. Um casal que já está junto há bastante tempo costuma resistir por muitos anos nesse tipo de situação, porém como um casal infeliz.

E talvez você ainda queira saber o que tenho a dizer sobre a pergunta: cumprimentar o cachorro é mais importante do que cumprimentar a própria mulher? Aqui vai minha resposta:

Você tem toda razão. Isso realmente não está certo. Só que me pergunto se esse cumprimento frio já acontecia antes do cachorro ou se seu marido aproveitou a ocasião para tratá-la com menos importância.

Não importa a variante, você está com um problema. Seu marido não pode cumprimentar o cachorro com alegria e tratá-la como a coisa mais banal do mundo. Você tem todos os motivos para aproveitar a ocasião e ter com ele uma conversa séria. Mostre-lhe como se sente com o comportamento dele. Não se trata de fazer críticas. Fale de você e de seus sentimentos. Não permita que ele encerre o assunto com um discurso vazio nem que a critique, tachando-a de muito sensível. Você tem todo o direito de ficar sensível em uma situação como essa. Pode e até deve insistir para que ele mude seu comportamento. Do contrário, seu relacionamento terá um duro caminho pela frente.

É bem possível que ambos já não estejam muito próximos há algum tempo e que essa distância só tenha ficado clara graças ao cachorro e à diferença de comportamento do seu marido ao cumprimentar você e o cão. Quando o parceiro volta do trabalho, seu modo de cumprimentar não é um detalhe secundário. Nunca devemos nos contentar com um simples "oi". Defendo um cumprimento íntimo, ou seja, mais do que um beijo rápido. Afinal, vocês passaram o dia inteiro sem se ver. Dedicar-se ao outro também pode significar dar um abraço verdadeiro e sentir o corpo do parceiro. Por quanto tempo? Na minha opinião, pelo menos sete segundos. Isso cria proximidade.

Portanto, no futuro, quando seu marido chegar em casa, você deve vir em primeiro lugar. O cachorro vem só depois do abraço que ele der em você. Mas ele não precisa ser menosprezado. Afinal, os cães também são muito sensíveis.

EQUÍVOCO Nº 19:

"SOMENTE QUEM AMA A SI MESMO TAMBÉM CONSEGUE AMAR OS OUTROS."

Por que amar e ter amor-próprio são duas capacidades distintas

Claudia e Mark estão juntos há quatro anos. No começo, davam-se muito bem. "Nunca tinha me apaixonado tanto por um homem nem estive tão convencida de que ele era o ideal para mim", entusiasma-se Claudia. Seus olhos brilham quando ela conta sobre o início de namoro com Mark, que é o homem de seus sonhos. Além de bonito, é educado. E, ao contrário dos namorados anteriores, sabe aonde quer chegar em termos profissionais. É determinado, o que agrada a ela. Claudia, que tem 34 anos, quer ter filhos com ele e envelhecer ao seu lado.

Agora, após quatro anos intensos, pouco restou da euforia inicial. Claudia parece nervosa e descontrolada ao falar. Há dois anos implica muito com o marido. Por quê? Não sabe. Então um dia se deu conta de que lhe falta amor-próprio. "Leia este livro; vai abrir seus olhos", disse-lhe sua amiga Marita. Assim, Claudia descobriu o que estava acontecendo com ela. Era por causa dela e da falta de amor-próprio que o relacionamento ia tão mal. Ficou aliviada, pois achou que finalmente tinha descoberto o que estava acontecendo com ela e seu amor.

Somente quem ama a si mesmo também consegue amar os outros. Por acaso vocês também já ouviram falar dessa "suposta" sabedoria referente ao amor? Na Alemanha é muito difícil *não* ouvir falar dela. Em nenhum outro lugar do mundo se acredita tanto no *amor-próprio* como pré-requisito para se amar outra pessoa.

COMO SURGIU A IDEIA DA IMPORTÂNCIA DO AMOR-PRÓPRIO

A ideia do amor-próprio como grandeza central no relacionamento provém do psicanalista e sociólogo Erich Fromm. Em seu célebre livro *A Arte de Amar*, ele constata que apenas quem ama a si mesmo é capaz de amar o outro. Essa ideia de Erich Fromm se popularizou em larga escala. E, por certo, como a maior parte de nossas crenças no que se refere ao amor, não foi comprovada em termos científicos. Não passa de um dogma, nada mais que isso. As consequências dessa crença podem ser muito desagradáveis e ameaçar seriamente um relacionamento. Tal como o de Claudia e Mark.

Para entendermos melhor, vale a pena analisarmos o amor do ponto de vista *racional*. Trata-se de um sentimento bastante intenso que, no entanto, por si só, não dura muito tempo. Como toda *relação social de proximidade*, o amor vive do que fazemos pelo outro. Precisamos estar a seu lado e ouvi-lo com atenção! Também temos de nos interessar por aquilo que é importante para ele. Sempre. Dia após dia. Portanto, o amor sobrevive *graças a nosso comportamento*.

No que se refere à amizade, a maioria das pessoas consegue compreender o aspecto racional desses vínculos sentimentais: uma amizade só resiste se nos dedicarmos de modo constante aos amigos. E de maneira positiva! Nenhum amigo quer ser criticado de A a Z a cada encontro. Tampouco ficam felizes quando não nos recordamos do que nos contaram na última vez em que os vimos. E, caso nunca tenhamos tempo para eles, a amizade fica ameaçada.

O relacionamento com nossos filhos também não deixa de ser um vínculo social estreito – e eles dependem de nossa presença. Para que os vínculos sociais estreitos perdurem, temos de nos dedicar às duas coisas principais de que dispomos como seres humanos: por um lado, *tempo*; por outro, *energia*, ou seja, *atenção*. Se fizermos isso, permanecerão os sentimentos positivos que nos unem. Porém, se não o fizermos, os relacionamentos se rompem, e os sentimentos se enfraquecem. Se o outro não estiver presente em situações importantes ou até se comportar de modo negativo, é bem possível que os sentimentos positivos também se convertam em decepção.

Não é diferente no que se refere ao amor em um relacionamento. Ele também só irá perdurar se dedicarmos *tempo* e *energia* (leia-se: *atenção*) ao parceiro. Precisamos nos interessar pelo outro. Portanto, no fundo, um amor longo, estável e feliz vive da dedicação positiva e emocional ao outro, do fato de *existirmos para o outro*.

SERÁ QUE O AMOR TAMBÉM FUNCIONA SEM AMOR-PRÓPRIO?

Voltemos à nossa questão inicial: seria o amor-próprio condição fundamental para o amor pelo parceiro? Existe alguma razão lógica para supormos que quem dispõe de amor-próprio já sabe como manter um relacionamento feliz por muito tempo? Será que só porque está de bem consigo e com a própria vida entende que o amor necessita de cuidados diários? A resposta a essas perguntas é: *não*.

Há inúmeros egoístas que não aprenderam na infância a apoiar o outro e que pensam que o amor consiste apenas em se apaixonar. Por conseguinte, é bem fácil deparar com alguém que, embora disponha de muito amor-próprio, não é capaz de conduzir um relacionamento, pois não aprendeu a fazer o que é certo.

Observemos com mais detalhes o relacionamento entre Mark e Claudia. Quando me procuraram, Claudia parecia bastante insegura, enquanto Mark deu a impressão de querer dizer: "Ei, aqui estou eu!" Logo ao entrar no consultório, escolheu o sofá como melhor lugar para se sentar. Homens educados deixam a escolha à parceira. Mark não é um homem educado – disso não resta nenhuma dúvida. Em seguida, tomou a palavra e se queixou muito de Claudia. Segundo ele, todos os problemas no relacionamento são culpa dela. A suposição de Claudia de que sua falta de amor-próprio causa problemas no relacionamento vem bem a calhar para Mark. Claudia teve uma infância complicada, enquanto Mark é filho único e foi muito admirado e mimado pelos pais. Para ele, Claudia é a única culpada se o relacionamento entre ambos está indo mal. Sou sempre muito crítico quando os parceiros concordam que apenas um deles é *o problema*. Em geral, as dificuldades em um relacionamento não são causadas de modo unilateral. Resultam do comportamento de ambos e de sua interação.

No caso de Mark e Claudia, a situação parece ser a seguinte: quando ele chega do trabalho, é o centro das atenções. Quando Claudia quer falar de si, ele tem e-mails urgentes para escrever. No que se refere às tarefas domésticas, ela é praticamente a única responsável: limpa, cozinha, lava e passa as camisas dele. Mark leva o carro para lavar e tira o lixo. Essa é sua contribuição nas tarefas de casa. Várias vezes interrompe Claudia quando ela está falando. Outras, boceja irritado. Minha impressão: ao lado de Mark, Claudia aprendeu a se virar com porções muito pequenas de dedicação, apoio e reconhecimento. Um pensamento se impõe: não seria Mark a se comportar de maneira nociva ao relacionamento, enquanto Claudia, ocupada com sua falta de amor-próprio, nem chega a perceber isso?

Também vale a pena fazer a seguinte pergunta: é possível que alguém, mesmo com pouco amor-próprio, uma vez que aprendeu já na infância a renunciar a si, tenha ao mesmo tempo (ou adquira ao longo da vida) as capacidades necessárias para manter um relacionamento feliz? A resposta é: sim – pelo menos enquanto essa pessoa não tiver desenvolvido ódio por si mesma. Com frequência, pessoas que tiveram uma infância infeliz aprendem a existir para o outro e, por isso, costumam ser particularmente realistas no amor.

Portanto, o mundo não apenas está cheio de egoístas, mas também de pessoas com pouco amor-próprio, que dispõem de uma surpreendente capacidade de manter um relacionamento feliz. Porém, só conseguem se aceitar sob determinadas condições, pois em sua infância não receberam muito afeto.

ELEMENTOS CONSTITUTIVOS DA CAPACIDADE DE AMAR

Em seu livro *A Arte de Amar*, Erich Fromm não deixou de apontar o amor-próprio como capacidade para um bom relacionamento. Chegou a desenvolver todo um cânone de características de que uma pessoa precisa para ter um amor bem-sucedido. O próprio conceito de "arte" não foi escolhido à toa pelo autor. Como se costuma dizer, a arte vem da habilidade. Segundo o credo de Fromm, o amor não é apenas um sentimento ao qual podemos nos entregar, tornando-o perfeito, duradouro e feliz. Ele exige, antes, capacidades como *atenção* para com o outro, *senso de responsabilidade* e *conhecimento*. Com isso, Fromm entende o autoconhecimento do indivíduo. Quem se conhece é um parceiro melhor. Essa é uma tese de psicologia profunda, que muitos terapeutas compartilham.

Desse modo, o ponto central no amor não é simplesmente o amor-próprio, e sim toda uma gama de *capacidades de amar*. Se forem poucas, então o relacionamento não tem como dar certo. A escolha de outro parceiro tampouco ajudará.

EXPERIÊNCIAS NA TERAPIA

Nas terapias de casais, costumo encontrar pessoas às quais não falta nem um pouco de amor-próprio, mas que não dispõem de muitas das qualidades que promovem o relacionamento. Mark é um exemplo. Ele não quer nem consegue estar presente para o outro. Tampouco se dá ao trabalho de entender a parceira. Falta-lhe dedicação ao outro, mas nem um pouco de amor-próprio.

Essa visão também é confirmada por Berit Brockhausen, terapeuta sexual e de casais. "Não é necessário amar a si mesmo para ser feliz em um relacionamento", diz a famosa terapeuta e colunista, que há 25 anos trata de casais. Ao contrário, ela enfatiza outro aspecto do amor, que é bastante decisivo: temos de levar a sério e defender nossos desejos perante o outro (▶ Equívoco nº 20: Não dá para mudar o parceiro). Segundo Berit Brockhausen: "um relacionamento adulto, de igual para igual, dá certo quando cada parceiro se leva a sério e atua com eficácia para que suas necessidades sejam satisfeitas".

Somente quem ama a si mesmo também consegue amar os outros? Não. O amor-próprio é apenas uma possível faceta de um relacionamento feliz – e nem de longe é a mais importante. Considerar com exclusividade o amor-próprio induz muitas mulheres ao erro. Tal como Claudia. Com um parceiro tão egoísta, e satisfeito consigo mesmo, é difícil levar um relacionamento adiante. Nesse caso, concentrar-se no amor-próprio não ajuda em nada. O que ajuda é mudar o parceiro e seu comportamento. Ah, sim, já ia me esquecendo: dizem que isso não é possível. Não se muda o parceiro. Mais uma crença popular sobre o amor. E, igualmente, um mito.

EQUÍVOCO Nº 20:

"NÃO DÁ PARA MUDAR O PARCEIRO."

Por que é indispensável mudar o parceiro para viver um relacionamento feliz

Marlene tem os olhos marejados. Seu marido Sebastian não se comporta como ela gostaria. Queria receber mais atenção dele. Flores de vez em quando. Ou um presentinho. Uma surpresa. Ingressos para a ópera, por exemplo. Algo que lhe mostrasse que ela é especial para ele. Mas não recebe nada disso. Eis por que está desesperada, e muito, até. Já faz alguns anos que pensa em se separar.

Mas será que Marlene tentou mudar o comportamento do marido? Teria deixado claro para ele o quanto gostaria de ter tudo isso? Ela arregala os olhos. Não. Não consegue se imaginar fazendo isso. Mas o que faz, então, se não ousa dizer diretamente ao marido o que espera dele? Critica-o e fica reclamando em seu ouvido. Nos últimos dois anos, também tem lhe mostrado com clareza sua insatisfação, chorado e dito o quanto se sente infeliz com ele. Sebastian, com seu jeito bonachão, aguenta tudo com paciência. Não faz ideia da razão pela qual Marlene lhe faz uma cena a cada duas semanas. Talvez sejam os hormônios, pensa (como, aliás, muitos homens); ela deve estar "naqueles dias". Mas não sabe o que exatamente Marlene espera dele.

E por acaso isso é melhor do que lhe dizer com todas as letras o que espera dele? É inacreditável! Como Marlene pode pensar uma coisa dessas?

"Não dá para mudar o parceiro", diz Marlene, assustada. *Pode-se e deve-se mudar o parceiro* – poucos são os equívocos que me causam mais espanto do que esse. Quem se nega a mudar o comportamento do parceiro caminha diretamente para a infelicidade. Temos de mostrar nossos desejos ao parceiro ou à parceira. Se não o fizermos, não teremos no relacionamento o que tanto precisamos para nos sentir bem. Em vez disso, acabamos nos adaptando. Ou então reduzimos nossas exigências e reagimos ao outro com irritação cada vez maior. Na maioria das vezes, os dois acabam sofrendo, como no caso de Marlene e Sebastian. Ambos estão visivelmente infelizes com a situação.

EVITE QUERER SABER DE QUEM É A CULPA

Quando os parceiros estão insatisfeitos um com o outro – como Marlene e Sebastian –, costumam fazer sobretudo uma coisa: tentam resolver a questão da culpa. Portanto, cada um se pergunta: *quem é culpado por eu me sentir tão mal?* A resposta imediata é que só pode ser o outro. Desse modo, surgem lutas pelo poder, com perdedores em ambos os lados. A questão da culpa é uma armadilha. Quem a prepara sai perdendo. Sempre e impreterivelmente. E as consequências são sempre as mesmas. Tudo vai ficando ainda mais difícil.

Evite também *indagar sobre os motivos* – isso não faz muito sentido, tanto quanto querer saber de quem é a culpa, pois logo cada um vai encontrar causas e razões no parceiro e julgá-lo responsável. Assim, os dois declaram xeque-mate, mas não encontram uma solução. Moral da história: em geral, indagar sobre os motivos leva os parceiros ao mesmo pântano de acusações e contra-acusações, críticas e réplicas, tal como na questão da culpa.

Procure evitar também a seguinte pergunta: *quem tem razão?* Quem quer mesmo mudar o parceiro precisa esquecer que seus desejos, suas necessidades e suas concepções quanto ao que faz bem ao relacionamento são *os corretos*. O outro tem outras concepções do que é certo e errado. Assim, com esse tipo de questão, os parceiros logo chegam a uma batalha de trincheira. Nesse caso, não raro, restam dois perdedores e nenhum vencedor.

DECIDA MUDAR O COMPORTAMENTO DO PARCEIRO

Como posso mudar meu marido? Como posso mudar minha esposa? É legítimo querer mudar o parceiro ou a parceira? Não deveríamos simplesmente aceitar o outro tal como ele é, sem querer mudá-lo? A resposta a essas perguntas é clara: *não*. Querer mudar o outro é uma expressão da própria personalidade e das próprias necessidades em um relacionamento. Quem por princípio idealiza o parceiro e o deixa ser tal como é encontra-se no melhor caminho para conduzir seu relacionamento a um perigoso beco sem saída. Quem não sabe o que gostaria de mudar no parceiro é porque não se conhece. Quem não sabe o que gostaria de mudar na parceira não tem coragem de reconhecer a si mesmo e suas próprias necessidades.

Ter expectativas quanto ao relacionamento e ao parceiro mantém o relacionamento vivo. Reconhecer e manifestar essas expectativas impede a lenta extinção de um amor e o esgotamento da sexualidade. Esse é o resultado inequívoco de muitos estudos sobre o relacionamento.

Ter expectativas quanto ao parceiro alivia muito um relacionamento. Do contrário, o que aconteceria? Quem não se coloca claramente na primeira pessoa de vez em quando e não sente vontade de mudar o parceiro tende a passar o tempo resmungando e fazendo críticas. E esses são dois comportamentos que em nada contribuem para o relacionamento.

Ao mesmo tempo, toda crítica pode ser reformulada com facilidade em um desejo ou pedido.

- Gostaria de sair com você para almoçar ou jantar fora de vez em quando.
- Você pode lavar a louça hoje?
- Daria para você levar as crianças à creche duas vezes por semana?

De resto, os dois últimos exemplos mostram outra possibilidade de exprimir os desejos no relacionamento: através de uma pergunta. Desejos, pedidos e perguntas têm algo irresistível. São uma forma bastante educada de defender as próprias necessidades. E é justamente isso que faz o parceiro sentir dificuldade em reagir com um "não" a um desejo, um pedido ou uma pergunta, pois a maioria das pessoas, tanto homens quanto mulheres, gosta de satisfazer um desejo. Já quando se trata de uma cobrança, uma reclamação ou uma crítica, reagem com rejeição e resistência.

FUNCIONA MESMO: REFORÇO POSITIVO

Para conseguir mudar o parceiro de maneira eficaz e sem alarde, é necessário mais um componente: o elogio. Dificilmente outra regra do convívio humano é tão bem comprovada pela ciência como o fato de que o elogio, a dedicação e o reconhecimento contribuem da melhor maneira para mudar o comportamento. Nesse caso, é o princípio do *reforço positivo* a agir.

Às vezes me surpreendo ao ver quantas pessoas acham que podem mudar o outro por meio de críticas. Cães ganham biscoitos quando fazem alguma coisa certa. Com as crianças vale uma importante regra de educação, segundo a qual o elogio serve como incentivo. É verdade! E por que isso não haveria de valer para o relacionamento? Por acaso a crítica, a repreensão e a condenação levariam o parceiro a mudar seu comportamento? É improvável. E não é só isso. Agir desse modo não é eficaz, pois quem se utiliza de repreensões, condenações e críticas não recebe o que deseja. Muito pelo contrário. Já quando se procede com educação e, portanto, de maneira positiva, o parceiro ou a parceira se dispõe a muitas alterações. A muitas, mas não a todas. De fato, nem todos os problemas em um relacionamento têm solução. Esse conhecimento também faz parte de uma visão realista do amor (▶ Equívoco nº 24: Em um relacionamento, os problemas precisam ser resolvidos).

TENHA UMA AGENDA

Gostaria de lhe propor um exercício voltado ao desejo de mudar o parceiro. Escreva o que gostaria de mudar em seu relacionamento. Faça uma lista. Escreva tudo o que lhe vier à cabeça, seja importante ou não, tal como lhe ocorrer.

Em uma segunda etapa, comece a separar os pontos realmente importantes para você. Ao final, deverão restar no máximo sete desejos de mudança que considere essenciais. Então, marque os três mais importantes de todos – aqueles dos quais não pode abrir mão, aconteça o que acontecer.

Depois de cumprir essas três etapas, você saberá com mais exatidão como se sente em seu relacionamento. Saberá melhor o que o incomoda e quais pontos gostaria de mudar, *caso isso seja possível*. Guarde essa lista como um tesouro. Ela é a garantia de que você conseguirá o que quer. É sua lista! Por favor, não a mostre ao parceiro. Ela é a base do seu programa pessoal para melhorar seu relacionamento.

Essas listas não são esculpidas em pedra. Elas variam, dependendo do que aconteceu no relacionamento. Portanto, mais uma razão para fazê-las. Mas, por favor, não parta do princípio de que esse tipo de lista descreverá seu relacionamento da maneira correta. Ela é a *sua* visão daquilo que, em sua opinião, não está funcionando como gostaria. Portanto, exprime sobretudo *você, seus* pensamentos, sentimentos, desejos e anseios.

Não posso lhe prometer que você conseguirá colocar em prática todos os pontos da sua lista. Talvez tenha de cancelar algumas coisas, pelo menos se quiser realizá-las com *o* parceiro que estiver ao seu lado no momento.

Mas uma coisa posso lhe garantir: se souber o que quer, você e seu parceiro já sairão ganhando. Quanto mais clareza tiver daquilo que quer obter, tanto melhores serão suas perspectivas de ter um relacionamento satisfatório e uma boa sexualidade.

Sem dúvida, a lista de Marlene é longa. No topo se encontram os ingressos para a ópera e as flores. Ela quer que Sebastian a convide uma ou duas vezes por ano para ir à ópera. E ainda quer flores. A cada duas semanas.

Vocês acham que Sebastian não poderia ser convencido a cumprir essas duas etapas? Sinceramente: nunca vi um homem que não se convencesse a fazer esse tipo de coisa. Pelo bem do relacionamento, é claro. E não porque *Marlene está com a razão*. Ela precisa aprender a defender suas necessidades de maneira consciente no futuro. Talvez não tenha feito isso no passado porque temia causar um grande conflito. Afinal, assistiu a muitas brigas na infância entre seus pais. Por isso, tem medo delas.

EQUÍVOCO Nº 21:

"UMA BRIGA É COMO UM TEMPORAL PURIFICANTE."

Por que toda briga prejudica o relacionamento

Dificilmente há tantas suposições contraditórias sobre um fenômeno do relacionamento quanto há sobre brigas. Temos mesmo de fazer de tudo para evitá-la, porque ela destrói o relacionamento? Ou não seria até útil, pois teria um efeito reanimador e refrescante, como uma tempestade após um dia úmido e quente de verão?

Para entendermos como surgiram essas opiniões, vale a pena dar uma olhada na situação do início dos anos 1960. Nessa época, os psicólogos desenvolviam as primeiras terapias de casal. Entre eles havia o norte-americano George R. Bach, defensor convicto da teoria da catarse, segundo a qual as dificuldades no relacionamento são resultado de agressões reprimidas. Supunha-se que, se déssemos livre curso à nossa raiva e nossas irritações, o relacionamento melhoraria.

Para aplicar suas ideias na prática, o doutor Bach dava a seus clientes porretes de espuma, com os quais podiam se bater reciprocamente. Em seguida, deveriam sentir-se melhor e voltar a se entender. Do ponto de vista atual, esse procedimento parece um tanto estranho. Mas cuidado: ainda hoje você pode deparar com terapeutas, e até psicoterapeutas, que defendem esse tipo de escola e o incentivarão a dizer "umas verdades" a seu parceiro e a "liberar" a raiva reprimida. Desde o agitado final dos anos 1960, muitos casais experimentaram o método de *dizer umas verdades* e *dar livre curso à raiva*. Contudo, os resultados foram bastante frustrantes – sem nenhum sinal de melhora no relacionamento através da agressão.

Todo mundo que já brigou sabe o que pensar da teoria da catarse: não funciona na prática. Mas por quê? Por que a harmonia não se instala após uma intensa agressão ao parceiro? Muito simples: apenas a minoria das pessoas reage com discernimento após uma agressão. Depois de ser atacado, é bem difícil que alguém diga: "Sim, você tem razão. De fato, eu me comportei muito mal. Obrigado por ter me dito isso com tanta clareza. [Pausa.] Que tal ficarmos abraçadinhos?"

Em vez disso, costuma acontecer algo bem diferente: a maioria das pessoas reage com uma *defesa*. Ou, antes, com aquilo que consideram uma defesa: reagem com críticas, raiva e recriminações; portanto, com um *contra-ataque*. Não querem deixar barato a ofensa sofrida. Em geral, os contra-ataques são intensos nas brigas conjugais. O parceiro paga, no mínimo, com a mesma moeda. Desse modo, em pouco tempo, a briga pode se agravar em grande medida. E os casais só conseguem encerrá-la quando já estão fartos de todas as repreensões e críticas. Somente então param e se perguntam se estão no caminho certo – ou com o parceiro certo.

AVALIAÇÃO NEGATIVA

Discussões agressivas no relacionamento mobilizam não apenas nossa vida emocional, mas também provocam pensamentos sobre o parceiro. Por exemplo: *como é possível que a pessoa em quem confiei e que tanto amo seja tão ruim comigo?*

Esse é o tipo de pergunta que brigas intensas e furiosas atraem. A resposta que encontramos para ela é decisiva para a continuidade do conflito e de todo o relacionamento.

Basicamente, essa resposta pode tomar duas direções possíveis:

Na primeira, desculpa-se e explica-se o comportamento do outro (o parceiro estava muito estressado por causa do trabalho. Por isso, não é de espantar que tenha reagido com tanta irritação). Essas explicações positivas aplacam uma briga porque, por sua vez, contribuem para pensamentos e sensações positivas em relação ao parceiro.

Terminada a briga, crescem as chances de um casal encontrar soluções para seus problemas. Enquanto estiver brigando, não conseguirá fazer isso, até mesmo por razões biológicas: durante uma discussão, a pulsação aumenta. A partir da frequência cardíaca de cerca de noventa batimentos, o corpo se prepara para lutar ou fugir. Por isso, reduz o suprimento de áreas que, de imediato, não serão necessárias. Por um lado, isso acontece com a digestão; por outro, com partes do cérebro responsáveis pelo raciocínio. Portanto, do ponto de vista biológico, em meio a uma briga, os parceiros não têm como encontrar uma solução. Para tanto, precisam se acalmar e tentar conversar em seguida. Precisam, por exemplo, conversar sobre seus diferentes desejos e suas necessidades.

Na segunda, atribui-se o ocorrido ao caráter problemático do parceiro, que ficou com raiva porque é um colérico incorrigível. Esse tipo de pensamento agrava muito uma briga. Se o parceiro é visto como alguém com falhas morais e de caráter, a confiança nele diminui – bem como em todo o relacionamento. Nesse caso, a consequência lógica é o distanciamento. Portanto, a raiva e a agressão dirigem nosso olhar para os déficits ou os supostos déficits de uma pessoa. É muito fácil compreender esse processo, e todos os casais que já brigaram alguma vez na vida conhecem os efeitos descritos. Sabem que os problemas podem se intensificar se iniciarem uma briga. Mas o que muitos casais não sabem é que há alternativas ao método de *dar livre curso à raiva* e *dizer umas verdades*. Não sabem nem tampouco aprenderam que há variantes mais educadas de discussão, que não conduzem ao agravamento da agressão, e sim a um diálogo sensato, no qual ambos os parceiros se aceitam e se estimam (▶ Equívoco nº 20: Não dá para mudar o parceiro).

Talvez você tenha sorrido em seu íntimo ao ter ouvido falar sobre os porretes de espuma do doutor Bach. Mas que ideia esquisita esse sujeito foi ter! Porém, o estranho é que muitos casais que brigam agem exatamente como se o doutor Bach tivesse colocado, ele próprio, esse instrumento em suas mãos e os incentivado a "dar livre curso à raiva". A maioria utiliza "porretes" verbais, que descarrega no parceiro. Xinga e ofende o outro, criticando-o com severidade. Com raiva, talvez ainda bata a porta na cara dele ou lhe arremesse alguns pratos.

ONDE HÁ BRIGA NÃO HÁ AMOR

Após uma briga furiosa e manifestações depreciativas de ambos os lados, os parceiros não se sentem aliviados nem mais unidos. O que acontece é o contrário. *Onde há briga,* não há amor. Amor é dedicação positiva, e briga é o oposto: é uma carga concentrada de negatividade. Para ambos, o repentino desaparecimento dos sentimentos de afeto durante uma briga é uma vivência muito desagradável. Por isso, ficam inseguros no que se refere à continuidade do relacionamento – e com razão. Portanto, a briga é prejudicial ao relacionamento. Contudo, são claras as evidências de que os casais se separam não porque brigam, mas porque não sabem *como* brigar (▶ Equívoco nº 22: Relacionamentos fracassam porque os casais brigam demais).

EQUÍVOCO Nº 22:

"RELACIONAMENTOS FRACASSAM PORQUE OS CASAIS BRIGAM DEMAIS."

Por que o psicólogo John Gottman merecia o Prêmio Nobel pela fórmula 1:5

As brigas costumam ter um grande peso na separação de um casal. Os nervos ficam à flor da pele. Iniciam-se brigas homéricas e recorre-se a manifestações ofensivas e depreciativas – não apenas durante a separação, mas muitas vezes já bem antes. E tudo isso entre duas pessoas que supostamente se amam! Para quem está de fora, é como se os parceiros não conseguissem entrar em um acordo sobre questões importantes e menos importantes da vida. É óbvio que vão acabar brigando – pensamos. E, após algumas discussões cada vez mais intensas, vem o fim. Os amigos nem se espantam. Todos acabam concluindo que o casal se separou por causa das constantes brigas. Porém, essa suposição é errônea. Fundamentalmente errônea. Se entendermos o porquê, teremos uma nova visão dos relacionamentos e de sua dinâmica.

Em seu longo estudo, o pesquisador norte-americano John Gottman descobriu o que conduzia um relacionamento ao fim.

Os recursos empregados foram imensos. Quase nenhum outro pesquisador teve tantas possibilidades de observar casais por tantos anos e até décadas e, a partir de seu comportamento, tirar conclusões sobre a dinâmica nos relacionamentos. Ao longo de mais de quatro décadas, Gottman pôde acompanhar mais de três mil casais em estudos de larga escala.

Desde o início, John Gottman não recorreu a métodos de pesquisa pouco confiáveis (como questionários) ou mesmo nada confiáveis (entrevistas por telefone). Em vez disso, desenvolveu uma estratégia de pesquisa que permitisse ao observador participar dos relacionamentos e de sua estabilidade. Gottman pediu a casais que conversassem sobre seu relacionamento diante de uma câmera. Em seguida, avaliou cada segundo dos vídeos. Estudou a expressão corporal de cada um, anotou o tom de voz em que se falava e, obviamente, também o que era dito ao outro. Ao mesmo tempo, prestou atenção em diversos aspectos: os parceiros se dirigiam um ao outro de maneira positiva ou negativa? Mostravam alguma estima, algum reconhecimento ou desprezo?

Portanto, John Gottman tirou suas conclusões *a partir do comportamento concreto* de casais. E isso permitiu, em essência, conclusões mais precisas do que as que os questionários são capazes de fornecer. Além disso, Gottman acompanhou os casais por vários anos e até por várias décadas. Assim, pôde ver de perto quais permaneceram juntos e quais se separaram.

O resultado é claro. O que determina o fim de um relacionamento não é o fato de um casal brigar ou discutir, e sim a relação entre interações positivas e negativas. Casais felizes também brigam, e alguns até dizem coisas das quais depois se arrependem e pelas quais pedem desculpas. Mas a grande diferença está na interação positiva. Em um relacionamento feliz e estável, é cerca de cinco vezes maior o número de ocasiões em que os parceiros se dirigem um ao outro de modo positivo. Portanto, para cada reclamação ou repreensão, há cinco observações de estima.

Esse resultado das pesquisas de John Gottman é conhecido no mundo inteiro. A fórmula 1:5 é encontrada em quase toda revista feminina e diz o seguinte: o relacionamento precisa de uma quantidade cinco vezes maior de palavras e experiências positivas para ser estável e feliz. Em minha opinião, esse psicólogo merecia o Prêmio Nobel por essa descoberta.

Pessoalmente, não acho muito ambiciosa uma dedicação positiva cinco vezes maior. Em comparação com as vivências negativas, casais apaixonados conseguem ter de dez a vinte vezes mais experiências positivas.

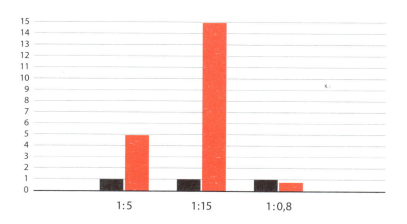

Observemos um gráfico simples: as duas colunas da esquerda representam a proporção de ações críticas e outras positivas em um relacionamento que funciona bem (1:5). As duas colunas do meio mostram como é a situação em casais recém-apaixonados

(1:15). Nesses casos, ao lado dos momentos bons, os críticos quase não são percebidos.

Essas colunas são muito úteis, pois são uma excelente apresentação visual do que compõe a essência do amor.

O QUE TORNA INFELIZES CASAIS INFELIZES?

Casais infelizes *reduzem a perspectiva de estar presente para o outro*. Os envolvidos começam a encurtar a coluna positiva. Às vezes, um dos parceiros toma a iniciativa e acaba sendo seguido pelo outro. Outras vezes, ambos agem ao mesmo tempo. A proporção de mensagens positivas e negativas dentro do relacionamento se altera: a princípio, cai para 1:4; depois, para 1:3. Uma vez em curso, esse processo adquire uma dinâmica própria. Cada parceiro percebe que o outro está cada vez menos disponível para ele e, em um crescendo, acaba diminuindo a dedicação positiva, até chegar a um fim amargo.

Em geral, isso não acontece com rapidez, em poucos dias ou em poucas semanas. Com a maioria dos casais, leva muitos meses, até que avancem tanto na redução da coluna positiva que o relacionamento fica ruim ou insuportável. Muitas vezes, os parceiros levam de um a dois anos para se mostrarem menos disponíveis *um para o outro*. Ambos se elogiam menos, tornam escassas as declarações de compreensão e apoiam o outro com menor frequência. Não necessariamente o casal percebe o que está acontecendo, pois se trata de um processo insidioso, que os envolvidos só reconhecem em relação a si mesmo e ao outro quando já estão em fase muito avançada.

Com seu modelo de colunas, John Gottman também conseguiu designar o fim de um relacionamento com uma pontuação bastante concreta na coluna positiva. Em casais à beira da separação, a proporção entre as ações positivas e negativas gira em torno de 1:0,8. Nesse caso, o valor positivo encolheu tanto que nem sequer alcança a mesma altura do negativo, ficando abaixo dele (ver no gráfico as duas colunas da direita).

De maneira geral, tudo isso também tem efeitos claros sobre a sexualidade do casal. Ao final de um relacionamento, ela é cada vez mais rara. Ou sem amor. Esse é um fato que chama a atenção, em particular dos homens, levando-os a justificar a separação com a falta de sexo. No entanto, a escassez da sexualidade é, sobretudo, resultado da crise. É um sintoma. Reconhecer isso é importante quando os casais se perguntam como podem consertar o relacionamento. Na maioria dos casos não ajuda muito tentar "resolver os problemas". Esse é um equívoco também sugerido por muitos terapeutas de casais. Só que a maioria dos problemas conjugais não tem solução (▶ Equívoco nº 24: Em um relacionamento, os problemas precisam ser resolvidos). Mais importante é que os parceiros consigam estar *mais disponíveis um para o outro*. Precisam reforçar a coluna positiva (▶ Equívoco nº 25: Em um relacionamento, dar e receber precisam estar em equilíbrio). Assim, o relacionamento voltará a navegar em águas tranquilas.

Talvez você ainda queira saber por que John Gottman nunca recebeu um Prêmio Nobel por suas pesquisas. A resposta é a seguinte: porque não existe Prêmio Nobel para Psicologia nem para descobertas sobre o amor. Quanta injustiça! Seja como for, John Gottman também descobriu como podemos tratar de um problema sem logo dar início a uma terrível briga conjugal (▶ Equívoco nº 23: Discutir melhora o relacionamento). E isso é realmente muito útil.

EQUÍVOCO Nº 23:

"DISCUTIR MELHORA O RELACIONAMENTO."

Como tratar de um problema sem dar origem a um desentendimento

Gerações de mulheres casadas já fracassaram ao tentar "discutir o relacionamento" – pois, na maioria das vezes, é sempre tarefa da mulher discutir temas difíceis, que em geral aparecem implícitos nesse tipo de discussão.

"Amor, precisamos conversar!" Dificilmente há outra frase que apavore mais os homens. Mas, por favor, não fiquem achando que eles são medrosos e, por isso, temem discutir a relação. Apenas têm consciência de que, em geral, depois dessa conversa, a situação vai piorar. Pesquisas mostram com resultados evidentes que discutir a relação significa um alívio para as mulheres, mas não para os homens. Por quê? Vejamos em mais detalhes.

A tradicional discussão da relação tem três partes. A primeira se intitula: "Estou tão infeliz!" A segunda esclarece quem é o culpado por isso: "Porque você...". E a terceira complementa o que foi dito até então com outras repreensões e pontos de crítica. Em resumo: *a discussão da relação é uma carga concentrada de negatividade.* Após a conversa, muitas mulheres se sentem logo aliviadas por terem conseguido desabafar tudo. Porém, ao mesmo tempo, também fica claro por que os homens se sentem mal após esse desabafo. Precisam digerir uma boa porção de negatividade. E isso sem encontrar uma solução para o problema original.

Como posso tratar de um problema sem que logo surja um intenso bate-boca? Vejamos se a ciência pode nos ajudar nessa questão. E assim voltamos a John Gottman, que é um homem extraordinário. No entanto, algumas pessoas não sairiam para almoçar com o professor norte-americano de Psicologia, pois ele seria bem capaz de emudecer em meio à conversa, antes mesmo que se trouxesse o prato principal. Sua colher pousaria na borda do prato de sopa, seu olhar se perderia ao longe, pensativo, e ele ouviria, concentrado e distraído ao mesmo tempo, como a mulher à mesa ao lado começa a conversar com o marido sobre seus problemas.

Com a chegada do prato principal, a reação se repetiria. O garfo afundaria no prato. Seus olhos se voltariam para o nada. À mesa ao lado, o mesmo casal conversa em tom de voz animado. Estão planejando o final de semana. Falando das férias dos filhos. Do cachorro. Dá para sentir que o clima é de excitação.

Na sobremesa, John Gottman daria seu veredicto. Já teria ouvido o suficiente para saber se o casal da mesa ao lado iria ficar junto ou procurar um advogado logo após a refeição para pedir o divórcio e discutir quem ficaria com a casa, a guarda dos filhos e qual seria o valor da pensão.

Como pesquisador de relacionamentos, John Gottman conduziu e analisou centenas de conversas conjugais em seu "laboratório do casamento", em Seattle. Dificilmente alguém sabe mais do que ele sobre a evolução das discussões em um relacionamento. Além disso, o psicólogo acompanhou os casais por vários anos em seu desenvolvimento posterior. Sabe muito bem quais deles permaneceram juntos, porque seu amor cresceu e prosperou, e quais amores foram impiedosamente transformados em poeira pelos conflitos entre os parceiros.

Assim, em décadas de pesquisa, o professor emérito da Universidade de Seattle conseguiu o que nenhum outro obteve antes dele: prever a durabilidade dos relacionamentos. Após analisar a conversa de um casal, conseguia prever com mais de 90% de probabilidade se os parceiros ainda estariam juntos ou não em quinze anos.

O PRELÚDIO PARA A CONVERSA "PERFEITA" SOBRE OS PROBLEMAS

Sobre a questão de como começar a falar dos problemas da melhor forma, John Gottman adquiriu uma convicção cristalina em todos os seus anos de pesquisa. Seu conselho é breve e simples: *escolha um prelúdio suave*. Sem repreensões, sem críticas, sem desprezo. A razão para isso é que, conforme constatou John Gottman, quase sempre as conversas terminam como começaram. Se no início há uma crítica, uma repreensão ou uma depreciação, o diálogo evoluirá de maneira correspondente e terminará de forma negativa. Essa é a razão decisiva pela qual tantas discussões sobre relacionamento fracassam e o abismo nos relacionamentos aumenta ainda mais. As conversas começam com uma crítica ou repreensão. Porém, as pessoas não reagem a elas com compreensão. Nem os homens, nem as mulheres. Ao contrário, costumam reagir com outra repreensão ou crítica. Portanto, a uma conversa que se inicia de modo rude, reagem com uma resposta igualmente rude. Isso torna muito provável que o final do diálogo também seja desagradável. Frustrados, ambos os parceiros acabam se afastando – e os homens pensam em nunca mais entrar em uma discussão sobre o relacionamento.

No entanto, se a conversa começa com um desejo, um pedido ou uma pergunta, é grande a probabilidade de terminar de maneira positiva. Nesse modo cortês de proceder, as perspectivas de sucesso são incomparavelmente maiores. É muito mais provável que o parceiro se mostre receptivo. E aqui também vale a regra: tanto os homens quanto as mulheres reagem dessa forma. Além disso, conversas que se iniciam com um pedido, uma pergunta ou um desejo estão *a priori* voltadas a um objetivo concreto. Mais uma vez, isso torna mais fácil para o interlocutor reagir de maneira construtiva. Um exemplo: é muito mais fácil reagir de modo positivo à pergunta "Você poderia ir buscar as crianças todas as quintas-feiras na creche?" do que à reclamação "Você nunca cuida das crianças!".

Portanto, ao final da conversa, é grande a probabilidade de haver uma solução ou, pelo menos, uma aproximação dos diferentes pontos de vista. Assim, os parceiros divergirão de forma positiva, pois as soluções são o fator decisivo nas discussões conjugais. Isso quando há uma solução para o respectivo problema. Nem sempre é o caso. Alguns problemas conjugais de fato não têm solução. São os chamados problemas "eternos" (▶ Equívoco nº 24: Em um relacionamento, os problemas precisam ser resolvidos).

EQUÍVOCO Nº 24:

"EM UM RELACIONAMENTO, OS PROBLEMAS PRECISAM SER RESOLVIDOS."

Por que a maioria dos problemas conjugais não pode absolutamente ser resolvida

Doreen é um pouco desorganizada. Já Christian gosta de ordem. Diriam as más-línguas que ele chega a ser chato. A princípio, nada disso é problema. É bem possível conviver com ambas as variantes, ser bem-sucedido na profissão, divertir-se com os amigos e ter um ótimo relacionamento. Só que Doreen e Christian se apaixonaram. Após um ano e meio maravilhoso, vivendo no sétimo céu, decidiram morar juntos. De fato, passaram a ter um problema: a organização da cozinha. Do banheiro, do quarto, da sala e do terraço. Ah, sim, já ia me esquecendo: também do corredor. Por toda parte dá para viver com *menos* ou *mais* ordem.

Mas como resolver um problema como esse, de organização? Boa pergunta. A resposta dada pela moderna pesquisa sobre relacionamento é muito simples: *não há solução*. Ao contrário, quanto mais duas pessoas tentam esclarecer em discussões essas diferenças fundamentais entre si, tanto mais infelizes se sentirão.

Um dos mitos mais modernos acerca do amor é que os problemas existem para serem resolvidos. Portanto, se Doreen tentar convencer Christian do sentido e da necessidade de certo descuido, tomará o caminho mais rápido que se possa imaginar para a infelicidade no relacionamento. Por certo, o inverso também é verdadeiro. Se Christian tentar convencer Doreen da vantagem de ser organizado, vai conduzir o relacionamento para o caminho que leva diretamente ao abismo. Há uma série de razões para tanto, e uma delas diz que, desse modo, ambos passam a se olhar com agressividade.

Como se já não fosse ruim o suficiente o fato de ambos terem problemas com a organização, as brigas fizeram com que se acostumassem a dar cada vez mais atenção ao lado inadequado do parceiro. Isso os impede, por exemplo, de se dedicarem um ao outro, de buscarem contato físico (afinal, têm problemas para resolver!) e, é claro, de desejarem fazer sexo (pois ainda têm problemas para resolver!). Tudo isso é uma ameaça ao relacionamento.

Porém, o verdadeiro centro da questão é o fato de que os problemas discutidos não encontram nenhuma solução – são *problemas eternos*, conforme o pesquisador de relacionamento John Gottman os nomeia com grande acerto. Se Doreen e Christian continuarem sendo um casal, ainda poderão brigar até as bodas de ouro porque um deles vai querer algo mais organizado do que o outro.

Portanto, problemas são insolúveis (ou "eternos") quando resultam do caráter dos envolvidos, de seus valores ou concepções de futuro. Não podemos nem queremos mudar da água para o vinho. O quanto de organização uma pessoa considera bom e correto é um traço de caráter, que se desenvolveu já na infância e se tornou parte de sua personalidade.

Uma briga que gire em torno de um traço de caráter de um dos parceiros é sempre muito perigosa, pois, para ele, contém a seguinte mensagem: seu jeito de ser é errado.

Seu jeito de ser é errado – isso é exatamente o oposto do que o amor constitui para nós. Afinal, no amor, queremos ser aceitos tal como somos. Sem nenhuma reserva. Não queremos que o outro fique criticando nosso caráter.

Com que frequência os casais brigam por causa de problemas sem solução? Essa também é uma pergunta interessante que, felizmente, tem uma resposta exata. No que se refere ao tempo que os casais levam para discutir, exatos 68% dele são sobre questões que não podem ser resolvidas porque tratam de *eternos problemas* específicos. Para a maioria dos casais, seria bem melhor se, em vez de empregarem esse tempo para discutir problemas eternos, utilizassem-no para fortalecer seu relacionamento. Por exemplo, conversando sobre como foi o dia (▶ Equívoco nº 18: Parceiros que fazem muitas coisas juntos acabam fortalecendo seu relacionamento), ficando abraçados ou fazendo sexo.

Tente entender os problemas eternos. Essa é uma boa estratégia para neutralizá-los. As pessoas gostam de ser tratadas com compreensão. Se ambos os parceiros se esforçarem para entender o outro, já estarão ganhando muito. Ninguém é bagunceiro nem meticuloso só para irritar o parceiro.

COMO CONVIVER COM PROBLEMAS ETERNOS

Para que você entenda como os casais podem conviver com problemas eternos, vou ilustrar a história de Doreen e Christian como se suas bodas de prata tivessem ocorrido nas últimas semanas. Apesar de todas as diferenças, ambos se tornaram um casal feliz e longevo. Nesse ínterim, os filhos saíram de casa; nem os primeiros e cansativos anos, nem o período difícil da puberdade chegaram a estremecer o relacionamento deles (▶ Equívoco nº 27: Filhos seguram um relacionamento). Desde então, Doreen e Christian aproveitam juntos o tempo livre. E continuam muito diferentes no que se refere à organização.

Como conseguiram ficar juntos por todos esses anos? Boa pergunta. Agora vem a resposta, e estou bastante convencido de que vocês estão esperando uma bela surpresa. Fizeram o seguinte: por duas ou três semanas, o apartamento de Christian e Doreen vai acumulando desordem. Até que Christian se enche, vai para a sala, levanta os braços e solta um sonoro grito, mostrando que o limite foi alcançado. Em seguida, passam cerca de uma hora arrumando o apartamento, até ele ficar do jeito que Christian sempre gostou. E, em seguida, tudo recomeça desde o princípio.

Felizmente, Doreen e Christian chegaram a essa "solução" logo depois que foram morar juntos. Por certo, há centenas de outros caminhos possíveis para lidar com esse tipo de problema – por exemplo, poderiam contratar uma faxineira. O importante é que nenhum deles tente convencer o outro da sua visão das coisas.

Sem dúvida, essa solução se adapta bem a ambos. E, nos últimos 25 anos, não brigaram nem uma vez sequer por causa da organização do apartamento. Incrível – mas é verdade.

EQUÍVOCO Nº 25:

"EM UM RELACIONAMENTO, DAR E RECEBER PRECISAM ESTAR EM EQUILÍBRIO."

Por que, de fato, é mais bem-aventurado dar do que receber

A Bíblia tem razão! *Dar* é mais importante do que *receber* – pelo menos em um relacionamento. Somente quando damos mais do que recebemos é que ele entra em equilíbrio. Soa um paradoxo, mas é cientificamente comprovado! E, se alguém calcular *quem* fez *o que* e *quando* pelo outro, não estará vivendo, por exemplo, em uma relação moderna e igualitária, na qual as discussões são pouco conflituosas. Estará, antes, em um relacionamento que se encaminha sem demora para o fim. Se *dar* e *receber* forem calculados, a relação correrá sério risco. Segundo mostram as pesquisas, o cálculo não é um processo normal no amor; ao contrário, é um sério sintoma de crise.

CONTABILIDADE NO ATO DE DAR E RECEBER

Mas o que há de tão perigoso assim em fazer as contas? Suponhamos que uma terceira pessoa, em posição neutra, acompanhe você todos os dias e registre com exatidão *quem* no seu relacionamento fez *o que* e *quando* pelo outro. Essa terceira pessoa neutra poderia fazer uma perfeita contabilidade de todas as ações, palavras e atos por meio dos quais você fez algo de bom ao seu parceiro. E poderia, ao mesmo tempo, anotar tudo o que seu parceiro fez por você. Ao final de um dia, de uma semana ou de um mês, ela poderia lhe dizer quem está na frente e quem está atrás. E você poderia confiar nessa contabilidade e ter sempre a certeza de que não corre o risco de ficar atrás. Ou de que ficará só um pouco.

Se todos tivéssemos uma terceira pessoa neutra, não haveria nenhum problema com o cálculo no relacionamento. Só que não contamos com essa instância. Na realidade, para medir o quanto nós mesmos e nosso parceiro contribuímos para o relacionamento, fazemos *nosso próprio* cálculo. Ou seja, somos nós que julgamos o que fizemos pelo outro. E nós mesmos fazemos a contabilidade do que o parceiro faz por nós.

A diferença entre a contabilidade feita por uma terceira pessoa neutra e a feita por nós mesmos é considerável. De fato, ninguém conseguirá fazê-la com tanta exatidão quanto uma terceira pessoa neutra. E isso não porque ignoramos o desempenho de nossa parceira ou de nosso parceiro, mas justamente porque não somos nem conseguimos ser neutros. Embora saibamos de todas as nossas contribuições para o relacionamento, reconhecemos apenas parte daquelas que provêm do outro.

QUANTO DAQUILO QUE O OUTRO FAZ POR NÓS NOS ESCAPA?

Pesquisas mostram que, de modo geral, não percebemos cerca de *20%* das contribuições alheias. Com certeza você já se deu conta do que isso significa para o equilíbrio entre *dar* e *receber*. Isso mesmo: apenas quando temos a impressão de que damos mais do que recebemos é que um relacionamento está de fato equilibrado. E com o parceiro ocorre a mesma coisa. De fato, dar é mais bem-aventurado do que receber. Em todos os bons relacionamentos, ambos os parceiros se esforçam para dar mais do que receber. Assim, fazem com que haja um real equilíbrio.

Mas o que acontece em relacionamentos em que nem todos se esforçam para dar mais? Resultado lógico: aquilo que do ponto de vista de um parceiro parece uma proporção equilibrada entre dar e receber, para o outro, é mau negócio, pois recebe nitidamente menos do que dá, e isso tem consequências. A reação mais frequente é que o outro diminui cada vez mais sua dedicação. Assim, tenta trazer o ato de *dar* e *receber* para uma proporção equilibrada. Por conseguinte, o primeiro reduz, por sua vez, suas contribuições e sua dedicação. O outro o segue, e assim por diante.

Esse fenômeno de "dar cada vez menos" é a realidade vivenciada em muitos relacionamentos. Quase sempre é o que acontece no cotidiano dos casais que vêm se consultar comigo. Ambos os parceiros vão reduzindo sua parcela de dedicação sem cessar. Até que um dia essa redução se torna muito dolorosa.

Foi o que aconteceu com Caroline e Peter, que têm dois filhos. Ele se apressa no trabalho para poder buscar ambos na creche duas vezes por semana, à tarde. Quando alguém se limita no trabalho por causa dos filhos, quase nunca isso traz elogios e reconhecimento por parte dos colegas e chefes. Caroline, que é médica, chega duas vezes por semana mais tarde em casa, pois também trabalha em seu consultório no período vespertino. As crianças são muito ativas – às vezes, até ativas demais para os pais.

Vocês não acham que ambos merecem todo elogio e reconhecimento pelo maravilhoso trabalho que realizam? Quem mais poderia lhes dizer que dão conta do recado muito bem, senão eles mesmos? Caroline precisa dizer isso ao marido. Com frequência. E Peter precisa dizer isso a Caroline. Também com frequência.

Infelizmente, ambos decidiram reduzir cada vez mais a dedicação positiva recíproca. Em vez dela, gostam de se criticar, e muito – para tanto, de fato, não faltam motivos na vida corrida do casal com dois filhos pequenos. Ambos veem sobretudo o que eles próprios fazem e sempre em escala menor o que o outro também faz pelo relacionamento e pela família. Até que um dia alcançam o limite da dor. Uma briga intensa abala o relacionamento. O motivo? Não importa, sempre se acha um.

Não há como impedir o efeito de só percebermos uma parte da dedicação do parceiro. Só podemos aceitar esse fato. E tirar nossas conclusões a partir dele. Temos de sempre nos esforçar para fazer mais pelo outro no relacionamento do que, aos nossos olhos, ele faz por nós. Ambos os parceiros precisam fazer isso. Somente quando entendermos que temos de dar 120% se quisermos receber 100% é que o ato de dar e receber no relacionamento estará de fato em equilíbrio.

EQUÍVOCO Nº 26:

"MULHERES CULTAS E FINANCEIRAMENTE INDEPENDENTES SE SEPARAM COM MAIOR FREQUÊNCIA."

Por que relacionamentos de igual para igual funcionam melhor

Quantas críticas as mulheres inteligentes, cultas e bem-sucedidas já não ouviram! *Em primeiro lugar*, são culpadas pelo declínio da população na Alemanha, pois não têm filhos suficientes. *Em segundo*, quando os têm, não cuidam deles direito. Em vez disso, são atraídas pelos locais de trabalho. Os filhos precisam se contentar com os cuidados de uma estranha. Que horror! E, *em terceiro*, mais esta: graças à sua independência econômica, separam-se mais rápido e com mais frequência dos parceiros do que as que ganham menos e são menos instruídas.

Esta última tese encontra atenção em ambientes conservadores (que lamentam esse estado de coisas) e em amplas seções do feminismo (que o acolhem). Algumas feministas acharam a ideia muito atraente: segundo se supõe, se as mulheres tiverem instrução semelhante à dos homens, poderão dizer adeus com mais frequência à prisão do casamento.

Por algum tempo, essa tese agradou até mesmo a cientistas que buscavam provas sob a expressão *independence hypothesis* [hipótese independente]. À primeira vista, era muito fácil encontrá-las. Seja como for, além da participação cada vez maior da mulher na educação e em atividades remuneradas, o século XX trouxe, ao mesmo tempo, um índice crescente de divórcios. Ambos os fenômenos surgiram no mesmo período. Que tentação encontrar neles uma rápida relação! Mas será que estão mesmo interligados? Se dois fenômenos são coincidentes, um não tem necessariamente de causar o outro. É um pouco como comparar o que aconteceu com as cegonhas, que se tornaram mais raras (a partir dos anos 1960), e o declínio na taxa de natalidade (também a partir dos anos 1960). Mesmo com todos os paralelismos, não é a cegonha que traz os bebês.

Portanto, a questão decisiva é a seguinte: será que a mulher instruída e bem-sucedida de fato se separa com mais frequência do que suas congêneres com formação inferior e economicamente dependentes do parceiro? Nenhuma vertente tem interesse em responder a essa pergunta. Nem a conservadora (isso poderia ameaçar sua visão de mundo), nem a feminista (isso poderia ameaçar sua visão de mundo). Nem mesmo o neutro Departamento Federal de Estatística tem interesse em respondê-la. Também em seu *website*, até hoje é defendida a *independence hypothesis*.

QUAL É A VERDADEIRA APARÊNCIA DO MUNDO...

É pena que ninguém realmente queira de fato saber o que a ciência conseguiu esclarecer há muito tempo. O estudo abrangente de uma equipe de pesquisadores da universidade australiana de Camberra deu uma resposta à pergunta sobre se as mulheres independentes de fato dão adeus com mais frequência e rapidez ao seu casamento. E essa resposta foi a seguinte: mulheres cultas e que ganham bem separam-se bem mais raramente do que as menos instruídas e que ganham mal.

Como assim? Será que esse resultado da pesquisa sociológica pode ser explicado com o auxílio dos conhecimentos psicológicos? Sim, na verdade, pode. De preferência com as ideias que Alfred Adler, estudioso de psicologia profunda, desenvolveu já nos anos 1920 sobre as consequências do desequilíbrio de poder entre homens e mulheres. Segundo sua tese, um relacionamento baseado na superioridade masculina é mais insatisfatório para ambas as partes – tanto para as mulheres quanto para os homens – do que um relacionamento igualitário.

Desde então, essa tese de Adler tem se confirmado em ampla medida. Por exemplo, em países com pouco desequilíbrio de poder entre os gêneros, a satisfação com a sexualidade no relacionamento é visivelmente maior. Ao que parece, o encontro igualitário também gera muito prazer aos envolvidos no que se refere ao erotismo. No entanto, há o reverso da medalha: quando a dinâmica do casal vem acompanhada de um grande desequilíbrio de poder em favor do homem – como ocorre em muitos países asiáticos –, a satisfação dos parceiros com o erotismo é baixa.

Mas como uma instrução mais elevada da mulher ou um bom salário pode tornar um relacionamento mais estável? Um dia a pesquisa também será capaz de comprovar isso de maneira conclusiva. Até lá, temos de nos contentar com hipóteses fundamentadas. A principal "suspeita" em relação a esse fenômeno diz respeito à *autoestima*. Pelo que se conseguiu comprovar, um salário alto o bastante contribui para uma autoestima melhor tanto nos homens quanto nas mulheres. O mesmo vale para a instrução, que também a eleva. E, por sua vez, uma boa autoestima contribui para que os relacionamentos sejam mais estáveis. Provas para essa tese foram dadas nos Estados Unidos, onde estudos mostraram que a estabilidade de um relacionamento cresce na mesma proporção dos anos em que a mulher se dedica à formação profissional. Quanto mais instruída for a mulher, tanto mais estável será sua relação – pelo menos em média.

Assim, no que se refere à vida e ao relacionamento, a emancipação das mulheres no século XX trouxe mais satisfação não apenas para as mulheres, mas também para os homens.

MAIS MITOS SOBRE O CASAMENTO

Até que ponto é verdadeiro o mito de que o número de divórcios só faz aumentar e os casamentos terminam cada vez mais rápido? Após a introdução da nova Lei do Divórcio na Alemanha (1977), esse aumento tornou-se um fenômeno normal. Hoje, muitos dos que já estavam insatisfeitos no casamento acabam se separando. E não apenas isso: após a lei, os casamentos passaram a se basear muito mais no fato de que só durariam se os parceiros também se sentissem felizes com ele e de que fracassariam se a união fosse infeliz. Por isso, até os anos 1990, o número de divórcios aumentou, e a duração dos casamentos diminuiu. Porém, depois o quadro mudou. Se em 1992 a duração média dos casamentos era de onze anos e seis meses, a partir de então ela aumentou. Nesse meio-tempo, alcançou a média de catorze anos e sete meses. Portanto, hoje os casamentos duram em média mais do que há vinte anos. Como conseguimos isso?

Ainda falta explicar um último mito da estatística sobre o amor. Qual é o problema do maldito sétimo ano? Quase nenhum. De fato, a maioria dos pedidos de divórcio é feita no sétimo ano de casamento. Como os cônjuges precisam estar separados há um ano para poderem pedir o divórcio, esses casais se separam no sexto ano de casamento. E, mesmo que esse "maldito sétimo ano" represente o ápice na curva dos anos de separação, mal chega a 5,4% o número de casais que se separa nele. Nada mais que isso. Não parece tão maldito assim.

EQUÍVOCO Nº 27:

"FILHOS SEGURAM UM RELACIONAMENTO."

Por que muitos relacionamentos terminam após o nascimento de um filho

Uma criança vai nascer. Parceiros se transformarão em pais. Dois se tornarão três. Precisam se encontrar em seus novos papéis, trocar fraldas e embalar madrugadas a fio pela casa o recém-nascido que não para de chorar. E precisam suportar o estresse relacionado a tudo isso. *Nós dois vamos nos tornar três* – para a maioria dos casais de hoje, esse é o grande desafio em seu relacionamento. Foi o que aconteceu com Barbara e Georg. Como ficaram felizes com o nascimento de Larissa! Passavam o dia embalando-a exaustos pela casa, mas infinitamente felizes. Costumavam ficar um bom tempo em pé diante do berço, abraçados e encantados, e se emocionavam com o simples fato de que, na figura de Larissa, existia um novo ser humano ali. Um ser humano que devia sua vida a ambos. Que milagre!

Nove meses mais tarde, a vida de Barbara e Georg já não era o mesmo mar de rosas. Larissa crescia e prosperava, e ambos ainda ficavam felizes com todos os seus progressos. Porém, já fazia tempo que a atmosfera entre eles não era boa. Às vezes Georg ficava irritado – por exemplo, quando voltava do trabalho com as compras e Barbara notava com certa arrogância que "infelizmente" ele tinha esquecido os tomates. Por que ela sempre reparava apenas no que ele não fazia direito? Era mais que normal ter esquecido alguma coisa, tendo em vista todo o estresse que sofria.

Às vezes, Barbara se aborrecia quando, por exemplo, Georg não aparecia para jantar, como havia prometido, e fazia plantão no trabalho. Ou quando esquecia os tomates pelos quais havia esperado tanto. Por que ele esquecia justamente as coisas que eram importantes para ela?

Desde o nascimento de Larissa, Barbara e Georg não haviam saído juntos nem uma vez. Já não se lembravam direito da última vez que tinham feito sexo. Dois meses atrás? Ou três? Difícil dizer. Haviam perdido a noção do tempo, que sempre era pouco para encontrar amigos, ler um livro ou praticar o esporte de que antes tanto gostavam. E estavam sempre cansados. Muito cansados.

SEU RELACIONAMENTO É *CHILD-CENTERED*?

Após o nascimento de um filho, alguns casais ficam tão concentrados no recém-nascido que negligenciam por completo o relacionamento. Como se costuma formular em tom de alerta nos Estados Unidos, são *child-centered* [centrados nos filhos].

No entanto, uma das principais contribuições que um casal pode dar ao bem-estar do bebê é permanecer unido. Portanto, não se trata nem um pouco de egoísmo se tirarem um tempo um para o outro. Não é uma atitude egoísta precisar de um tempo para conversar ou fazer sexo. Tudo isso serve para manter o relacionamento e, por conseguinte, também o bem-estar do filho. Ou dos filhos. O que mais chama a atenção é que os pais acabam postergando sua necessidade no campo da sexualidade. Barbara e Georg são apenas um dentre muitos casais que, após o nascimento do primeiro filho, negligenciaram a sexualidade e a si próprios.

Contudo, a maioria das famílias é mais estável e feliz por mais tempo quando nelas o casal e suas necessidades vêm em primeiro lugar (*parent-centered*), e o filho, ou filhos, apenas em segundo. Hoje em dia, para muitos casais, é difícil colocar o relacionamento em primeiro lugar. E isso ocorre por uma série de razões.

A primeira delas é que, hoje, para inúmeros pais, ter um filho é algo muito especial. Antes, os casais tinham *muitos* filhos, em parte até *demais*. Além disso, pouco podiam influir no fato de tê--los em quantidade ou não. Hoje, ao contrário, as crianças costumam ser o resultado de uma decisão muito consciente dos pais. O casal concentra sua atenção no projeto "novos habitantes do planeta Terra". E, como isso só é previsto uma ou talvez duas vezes na vida, dedica mais atenção ao filho do que todas as gerações anteriores. É claro que esse tempo e essa energia já não estarão disponíveis para outros campos importantes da vida, como a manutenção do relacionamento. Com quatro ou sete filhos, nossos avós simplesmente não tinham tempo para dar muita atenção a uma criança só – e na maior parte do mundo ainda é assim.

A segunda razão é que, quando os homens se tornam pais, desenvolvem uma tendência a trabalhar mais do que antes. Isso não condiz com as necessidades da mãe, que em geral espera ajuda e apoio em casa. Uma mulher ativa em sua profissão e sem filhos recebe em média mais apoio do parceiro nos trabalhos domésticos do que outra que trabalha e tem um filho. Isso é injusto, e é assim também que se sentem muitas outras mulheres. Como consequência, a atmosfera no relacionamento se deteriora aos poucos, mas de modo contínuo. Não há veneno que destrua relacionamentos de maneira tão insidiosa, taciturna, lenta e despercebida quanto a insatisfação com a distribuição das obrigações familiares.

Alguns casais nem chegam a perceber por que a relação piora cada vez mais. A frustração com a distribuição dos afazeres domésticos não é como um balde de água fria derrubado na cabeça de alguém. Nesse caso, a maioria de nós reagiria de imediato. Ao contrário: são pequenas gotas que perturbam o ânimo com perfeita constância.

Pais que trabalham mais do que antes também não condizem com as necessidades dos filhos, que sabem reconhecer quando têm pai e mãe como pessoas de referência. O excesso de trabalho condiz mais com a necessidade elevada de dinheiro, sentida por um casal com filhos. E, em geral, também condiz com seu salário menor. Hoje, quase sempre o rendimento familiar se reduz quando o casal tem filhos. É um problema moderno (antes, quando a atividade profissional das mulheres ainda era algo incomum, isso era bem diferente). Depois do nascimento de um filho, o rendimento familiar depende mais ou menos do homem. Às vezes, apenas por um tempo, doze ou vinte e quatro meses, pois em seguida a mulher volta a trabalhar. Mas nesse período a maioria dos homens reage como *verdadeiros* homens: trabalha mais do que antes. Isso aumenta a distância entre os parceiros – e, a longo prazo, pode prejudicar o relacionamento. Justamente esse período é a fase mais cansativa. Os filhos adoecem, ganham dentes e precisam aprender a dormir a noite inteira sem acordar. Se nesse período a mãe não se sentir amparada pelo parceiro de maneira adequada, o relacionamento logo sofrerá danos.

A *terceira razão* é que, antes da revolução causada pela pílula anticoncepcional, o casal tinha filhos quase de modo automático. Muitas vezes, já no ano das núpcias vinha o primeiro rebento. Portanto, quase sempre o relacionamento significava, ao mesmo tempo, tornar-se pais.

Hoje esses dois aspectos estão separados. Uma mulher que se torna mãe pela primeira vez aos 37 anos possivelmente já tem vinte de experiência com relacionamentos, amor, dor de amor e sexualidade. Reuniu muito mais experiências em suas relações. Já está há muito tempo habituada a tomar decisões autônomas, por exemplo, na administração doméstica. Porém, por outro lado, não conseguiu reunir nenhuma experiência com a maternidade, com a paternidade nem com a combinação entre maternidade e relacionamento com o parceiro – e talvez apenas pouquíssima experiência na convivência com ele. Não está preparada para as mudanças que um bebê traz consigo. E que mudanças!

A situação do parceiro não é diferente. Talvez ele também já tenha duas décadas de experiência com sexualidade e relacionamento, já tenha se apaixonado e se desapaixonado, e tenha tido o mesmo tempo de experiência na condução da própria casa, até se tornar pai pela primeira vez. E ele também já estava acostumado a tomar as próprias decisões. Porém, não está nem um pouco preparado para as mudanças desencadeadas por um bebê – no tempo que tem disponível, no relacionamento, em sua vida emocional, na sexualidade.

Em momento algum a armadilha da harmonia é tão implacável quanto no período em que um casal tem um filho. Em geral, os casais esperam um excesso de felicidade. De modo lamentável, essa convicção recebe apoio de vários lados, inclusive da biologia humana. Do ponto de vista hormonal, pais recentes, e, é claro, sobretudo as mães, ficam muito bem providos. Vários vivem as primeiras semanas e os primeiros meses como que inebriados – algo semelhante à paixão. Porém, assim como os hormônios da paixão são um fenômeno passageiro, o entusiasmo após o nascimento perde intensidade depois de seis a nove meses. E o estresse da paternidade e a falta de sono cobram seu preço de maneira cada vez mais evidente. Toda a situação consome as reservas de energia de ambos os parceiros. Seis a nove meses após o nascimento, a maioria dos casais chega ao ponto mais baixo do ânimo no relacionamento.

QUAL FOI A ÚLTIMA VEZ QUE FIZEMOS SEXO?

Em geral, é no campo da sexualidade que os casais costumam vivenciar a mudança mais grave após o nascimento do primeiro filho. É interessante observar que a razão para tal tem a ver com a emancipação de todos os tabus sexuais, que predominaram até os anos 1960 adentro. De fato, ao longo da liberalização sexual, a verdadeira função da sexualidade humana de unir um casal mal chegou a ser abordada como tema. Para muitos, ver o sexo dessa forma chegava a ser conservador e tacanho. Segundo a nova visão das coisas, o sexo existia para se ter prazer. Por isso, em muitos casos, hoje o sexo é visto sobretudo como diversão por parte de adolescentes e jovens adultos. E a fase em que é encarado dessa maneira pode abranger uma parte muito grande da vida adulta. O indivíduo pode passar dez, quinze ou até vinte anos com uma vida sexual ativa antes de se tornar pai pela primeira vez – e, assim, percebe que o sexo até pode proporcionar muito prazer, mas também serve para procriar.

Sex is fun [sexo é divertido] – esse modo de ver as coisas impede que casais que se tornam pais levem a sexualidade suficientemente a sério. *Fun* era o que costumavam ver ontem. Agora também é possível viver sem ir à discoteca nem dançar noites inteiras. O que passa a contar são o recém-nascido e suas necessidades.

Sex is fun – para quem pensa assim, a sexualidade parental também se torna vítima de um modo de vida supostamente mais racional. Muitos casais que hoje se tornam pais parecem achar que é possível ter sexo com menos diversão. Às vezes, apenas um dos parceiros pensa assim. Mas já é suficiente para paralisar a sexualidade. Desse modo, muitas vezes, com o bebê vem a crise. E, antes do que se espera, ela se aprofunda no relacionamento. Um dos parceiros pula a cerca, pois na relação lhe falta a afeição emocional que a sexualidade traz consigo. O sorriso de um filho não compensa tudo. Ou então ele se apaixona de novo, pois no relacionamento concentrado na criança não se sente amado.

A sexualidade humana não é um passatempo como ir à discoteca, assistir à transmissão de jogos ao ar livre ou praticar *bungee jumping*. Que sexo proporciona prazer, quanto a isso não resta dúvida. Mas sexo não é apenas *fun*. Satisfaz desejos e necessidades elementares do ser humano. Por isso, renunciar ao sexo em uma relação representa uma ameaça a ela. Se você tiver filhos, não negligencie a sexualidade em seu relacionamento. Ao contrário, use o sexo para fortalecer o vínculo com seu parceiro. Temos de admitir: esse vínculo também dá prazer.

EQUÍVOCO Nº 28:

"UM BOM RELACIONAMENTO REQUER TRABALHO."

Por que o olhar atento ao que é positivo é mais útil do que discussões intermináveis

Trabalhar a relação – que expressão horrível! Em quase toda entrevista, o moderador me pergunta qual meu posicionamento sobre a ideia de que trabalhar a relação a mantém viva e intensa. O que posso dizer? Em círculos intelectuais e psicológicos, trabalhar a relação é visto como uma necessidade absoluta. Consiste em intermináveis discussões sobre o relacionamento, que deveriam fazer bem ao casal.

O que acho de *trabalhar a relação*? Para ser bem sincero, nada. Nada mesmo. Por sorte, a ciência também está ao meu lado – assim, sempre tenho uma sensação boa quando rejeito abertamente esse *trabalho* e, em vez dele, enfatizo o prazer e a alegria na relação – incluindo a profunda utilidade das conversas sobre como foi seu dia. Ou as vantagens da regra "nada de críticas". As conversas podem enriquecer muito um relacionamento, sobretudo quando não vêm acompanhadas de críticas. Porém, trabalhar a relação não faz isso.

Nas últimas décadas, os cientistas estudaram a fundo casais felizes. E seus inúmeros estudos apontam para uma direção bem diferente da que recomenda "trabalhar com afinco o relacionamento". Por conseguinte, passar horas discutindo a relação prejudica até mais do que ajuda. "Discussões exaustivas" podem enfraquecer um relacionamento de modo considerável (▶ Equívoco nº 16: É preciso discutir a fundo todo tipo de problema); o mesmo pode acontecer quando se quer resolver todo tipo de problema (▶ Equívoco nº 24: Em um relacionamento, os problemas precisam ser resolvidos). De resto, nenhuma pesquisa jamais encontrou casais felizes trabalhando a relação. Talvez você fique surpreso ao ouvir isso, mas casais felizes *não trabalham* sua relação. A maioria tampouco treina *ouvir ativamente* o outro – mais uma ideia cara aos terapeutas de casais. Por fim, segundo Michael Lukas Möller, casais felizes também não *dialogam* – outra forma conhecida de trabalhar a relação. Parceiros felizes não fazem nada disso, mas, ao que parece, ficam bastante satisfeitos um com o outro. Portanto, o que você poderia fazer em vez de trabalhar sua relação?

Muito simples: aproveite seu relacionamento tal como fazem os apaixonados de maneira intuitiva. Além disso, registre *com atenção* os bons momentos e, *com gratidão*, compartilhe sua alegria sobre esses bons momentos com o parceiro. Desse modo, chegamos a dois componentes centrais que, em vez de exigirem empenho, muito contribuem para a satisfação e a estabilidade em um relacionamento: *atenção* e *gratidão*. Do fenômeno da gratidão chegou a se ocupar um ramo específico da pesquisa em Psicologia. Já a atenção provém originariamente da filosofia do Extremo Oriente. No budismo, por exemplo, ela desempenha um papel importante, bem como em todas as formas de meditação. Trata-se sempre da vida consciente no *aqui e agora*. Ou, para dizê-lo com outras palavras, da vida *no momento* – pois o momento presente é a chave para uma vida e um relacionamento felizes.

A MAGIA DO MOMENTO

Depois do jantar, minha mulher e eu permanecemos sentados à mesa, conversando, enquanto as crianças vão brincar no quarto. Em geral, falamos muito sobre nosso dia. Conto-lhe o que fiz, e ela me conta o que fez. Porém, hoje estou ocupado com outra coisa: em que momentos minha mulher de fato sente a máxima satisfação? Quais momentos em sua vida foram de fato mágicos?

Todo momento da vida é algo muito especial. Vivemos de momento em momento. Real mesmo é apenas o instante. Com tudo o que percebemos, sentimos e pensamos. Portanto, uma vida feliz é aquela em que possivelmente vivenciamos muitos instantes bons e de satisfação: deveríamos aproveitá-los todos. Deveríamos. Mas será que o fazemos?

Muitas pessoas não o fazem. Preferem viver no passado. Antes sua situação era melhor. Antes tinham uma vida boa. Tinham um relacionamento, e hoje estão solteiras. Antes estavam apaixonadas e sua relação era maravilhosa. Hoje, ao contrário, é melhor nem lembrar.

Outras vivem no futuro. Esforçam-se, tanto do ponto de vista profissional quanto do pessoal, para algum dia ter uma vida boa. Dão duro no trabalho para, depois da aposentadoria, poderem fazer o que quiserem. Então também terão tempo para o relacionamento. E já anseiam muito por isso. Vivem no futuro, e talvez a vida que sonham nunca se realize. Porque um acidente aniquila todos os planos. Porque uma doença ou a perda do emprego levam, necessariamente, a uma mudança. Mesmo o infarto fulminante aos 62 anos não havia sido levado em conta nesse planejamento de vida.

Uma terceira variante, de não viver a vida no aqui e agora, mas deixá-la passar, diz o seguinte: preocupação permanente. Afinal, o futuro é tão incerto! Uma inflação poderia nos custar todas as economias. O mundo poderia se transformar em um lugar horrível após uma guerra devastadora. Uma doença poderia ameaçar nossa vida ou a das pessoas que nos são próximas. Por fim, um grande meteorito poderia destruir toda a vida no planeta de um só golpe.

Poderia, poderia, poderia... muitas pessoas vivem desse modo temeroso e acabam deixando de aproveitar o momento. É importante e necessário que nos preocupemos com o futuro. Podemos tomar precauções, por exemplo, para o caso de um grave acidente. Ou economizar para a aposentadoria. No entanto, a verdadeira vida não se realiza no futuro. E excesso de preocupação tampouco nos ajuda. Aliás, mais atrapalha, pois que sentido faz nos preocuparmos com coisas sobre as quais, de qualquer maneira, não temos influência? Nenhum de nós pode influir na trajetória de um meteorito. Além disso, pessoas que se preocupam com o futuro tendem a pensar demais. Ou seja, ocupam-se o tempo todo de pensamentos negativos e por eles chegam a ser absorvidas. Não encontram nenhuma solução, pois ela não existe. Assim, perdem de vista os muitos e belos momentos da vida. As preocupações tomam seu lugar. Que pena!

Acidentes, doenças e meteoritos – não há dúvida de que tudo isso pode acontecer. O futuro é sempre incerto e deixa muito espaço para que a imaginação espere uma desgraça iminente. Embora tudo isso possa acontecer, a probabilidade não é muito grande.

A ARTE DA PEQUENA FELICIDADE

A arte da pequena felicidade está em não viver no passado nem no futuro. A felicidade existe, antes, quando conseguimos desfrutar o momento. Talvez nem todo momento. Seria exigir demais. Mas possivelmente muitos. Afinal, nenhum deles voltará a acontecer. Podem perdurar em nossa memória, de maneira que em dez ou vinte anos ainda pensemos neles. Porém, seu verdadeiro sentido consiste no fato de os termos vivido e desfrutado com intensidade e consciência.

O sol em nossa pele. O sabor de um bom chá ou um cappuccino. O cheiro da floresta após uma chuvarada. As crianças brincando no quarto. A risada do parceiro. A alegria de revê-lo após um longo dia de trabalho e poder abraçá-lo. Como solteiro, poder fazer uma viagem de maneira espontânea, sem ter de se preocupar com nada. Todos esses são momentos especiais. E nenhum deles volta a acontecer.

Atenção – faz algum tempo que muitos livros e cursos de educação continuada se dedicam a esse tema. Os terapeutas recebem formação nessa disciplina. A *atenção* é outra palavra para designar a vida no *aqui e agora*. Quem vive o momento o usufrui. O aspecto peculiar do treinamento em atenção é que quem se concentra mais no momento e *na pequena felicidade do momento* tem menos tempo para viver no passado ou se preocupar com o futuro.

Para muitas pessoas, não é nem um pouco natural vivenciar a atenção, pois levam uma segunda vida paralela: brincam com as crianças no jardim e, ao mesmo tempo, falam ao telefone com uma amiga, que está passando por uma dor de amor. Andam de bicicleta olhando o que está acontecendo no Facebook. Hoje isso se chama *multitasking* [multitarefa] e altera o modo como vivenciamos e desfrutamos o momento. Dez por cento dos norte-americanos chegam a utilizar seu *smartphone* até mesmo enquanto fazem sexo. Não sou nenhum pessimista cultural, mas às vezes me pergunto aonde esse tipo de fenômeno do espírito da época vai nos levar. É impossível aproveitar o momento dessa forma.

Um relacionamento também existe para ser aproveitado. *Vá dizer isso aos casais apaixonados!* É totalmente desnecessário. Casais apaixonados fazem isso o tempo todo. Desfrutam todos os momentos que podem passar juntos. Não é de admirar que se sintam tão bem. Portanto, se estiver em uma relação, aproveite-a. Olhe ativamente para as vantagens que a vida em um relacionamento tem para você. Quem vive um relacionamento tem, por exemplo, uma vida sexual bem mais feliz do que os solteiros – e, com frequência, mesmo quando às vezes reclama de pouco sexo.

A GRATIDÃO É A CHAVE PARA UMA RELAÇÃO FELIZ

Concentrar-se ativamente nos pontos agradáveis da relação tem muitas consequências positivas para um relacionamento. Por exemplo, recebemos mais daquilo que apreciamos. Por certo, isso vale sobretudo quando não guardamos os momentos de satisfação só para nós, mas o compartilhamos com nossa parceira ou nosso parceiro. *A felicidade aumenta quando a compartilhamos.* Essa é outra razão pela qual estar apaixonado nos causa uma sensação tão boa. Os apaixonados sempre afirmam com prazer o quanto gostam de estar juntos. Portanto, manifestam sua *gratidão.*

Segundo a posição da pesquisa psicológica, a *gratidão* por aquilo que temos e recebemos do parceiro (ou de outras pessoas em nossa vida) é uma chave importante para uma vida feliz e satisfeita. Quem sempre olha apenas para o que *não* recebe acaba perdendo tudo o que já tem. Os cientistas comprovaram isso em um experimento impressionante. Dividiram os voluntários, jovens estudantes, em três grupos e deram-lhes diferentes tarefas, a serem realizadas nas semanas seguintes. Um grupo deveria escrever cinco vivências que *mais o haviam ocupado* nesse período. O segundo deveria relatar situações de *estresse.* Por fim, o terceiro deveria registrar cinco coisas pelas quais eram *gratos* nas últimas semanas.

Após algum tempo, os cientistas descobriram uma nítida diferença entre os participantes dos três grupos: de modo geral, os voluntários do terceiro grupo – os *gratos* – estavam mais satisfeitos com sua vida e olhavam com mais esperança para a semana que estava por vir. Também sofreram menos dores físicas e investiram bem mais tempo em atividades esportivas do que os participantes dos outros dois grupos. No entanto, os estudantes dos três grupos encontravam-se na mesma situação, tinham de superar as mesmas dificuldades ou se aborreciam com notas ruins.

Contudo, os *gratos* relataram um bem-estar psíquico maior e mostraram um comportamento mais sociável; portanto, ajudaram os outros a superar seus problemas e ofereceram apoio emocional. Pessoas gratas também sofrem menos de estados de ânimo depressivos. Realizam mais do que as outras seus objetivos de vida. Impressionante, não é mesmo?

A gratidão é um campo vasto. Podemos sentir gratidão em relação a outras pessoas, como amigos, colegas ou o parceiro. Mas também em relação a nós mesmos. A gratidão alivia a vida, protege de decepções e exasperações e tira a força dos inevitáveis golpes do destino. Pessoas gratas são mais satisfeitas, felizes e agem de maneira mais sociável do que aquelas que registram em minúcias todos os aspectos negativos da vida, ignorando os positivos. Portanto, com o olhar de gratidão, protegemos nós mesmos e nosso relacionamento.

O passeio ao pôr do sol com sua parceira não foi bem mais revigorante e melhor do que sozinho? A bela refeição não foi uma verdadeira alegria? No futuro, tente registrar com atenção tudo o que foi bom e tiver enriquecido sua vida. Anote. Faça um diário da gratidão.

Pensamentos de gratidão são importantes. *Palavras* de gratidão também. Quem manifesta sua gratidão passa pela interessante experiência de não apenas sentir-se melhor, mas também de ter mais vezes uma razão para ser *grato*, pois manifestações de gratidão em relação à parceira ou ao parceiro têm consequências. Manifestações de estima e gratidão não apenas melhoram a atmosfera no relacionamento, mas também têm o agradável efeito de, no futuro, dar-lhe mais daquilo que você acabou ressaltando em meio à grande quantidade de vivências e acontecimentos cotidianos, graças à sua manifestação de gratidão. Quem é grato recebe mais e por muito mais tempo aquilo de que gosta. Aqui também vale o princípio do *fortalecimento positivo*, sobre o qual você já pôde ler neste livro (▶ Equívoco nº 20: Não dá para mudar o parceiro). Manifestar a gratidão chega a ser uma forma bastante eficaz de fortalecimento positivo.

O fato de desfrutar o aspecto positivo do relacionamento não deve impedir nenhum de nós de se empenhar ativamente em melhorá-lo. Podemos aproveitar todas as possibilidades que temos para tanto. Podemos ler livros ou ir a palestras. Inscrever-nos em um *workshop on-line* sobre relacionamento e sexualidade. Podemos até consultar um terapeuta sexual ou de casais. Sim, também podemos fazer isso. Mas, sobretudo, nunca devemos nos esquecer de desfrutar o momento e ser gratos por aquilo que já temos.

O MOMENTO MÁGICO

As crianças continuam brincando enquanto minha mulher e eu estamos sentados à mesa do jantar. Ela teve hoje seu momento de satisfação quando, pela manhã, no caminho para o trabalho, passou de bicicleta pelo parque. *Um verdadeiro idílio no meio da cidade grande.* Quanto a mim, mais uma vez fiquei entusiasmado no trabalho. No momento, meu novo livro está surgindo, página por página. Às vezes, as palavras fluem na escrita como um riacho que murmura sobre as pedras – sem encontrar um fim. Para mim, estes são momentos mágicos.

Tanto no aconselhamento de solteiros como no de casais, sempre há momentos mágicos para mim. Momentos de descoberta, em que enigmas se resolvem. Tentar entender por que os parceiros se distanciaram tanto um do outro que, após 24 anos de casamento, os classificados de imóveis já estão em cima da mesa. Tentar entender por que um jovem casal se envolve em brigas mais intensas. E tentar entender por que uma mulher sempre volta a ficar sozinha depois de relações que duram de dois a três anos.

Minha mulher afasta uma madeixa do rosto e tira os óculos. Em seguida, limpa as lentes com um lenço. Uma reprise do que fez quando nos encontramos pela primeira vez, outro momento realmente mágico. Foi um encontro às cegas, sem fotos. Eu só sabia que era loura e tinha a minha idade. Dobrou a esquina. Tinha chovido. Tirou os óculos para limpá-los. Observei-a a alguns metros de distância, reparei em seus cabelos, na altura dos ombros, nas sardas em suas bochechas e no nariz. Em seguida, caminhei devagar até ela, que tornou a colocar os óculos, tal como está para fazer agora. Alcancei-a cerca de seis ou sete passos depois. Eu era o homem e queria falar com ela.

"Será que estamos esperando um pelo outro?", perguntei-lhe.

As crianças ainda estão brincando. Muitas vezes, também fico feliz por elas. Sou mesmo muito grato por existirem. E sou grato pelos momentos em que fico sentado à mesa com minha esposa, conversando com ela e ouvindo as crianças. Sou muito grato por isso. Obrigado, queridos. É muito enriquecedor conviver com vocês. E obrigado, Dorothea, por ter acompanhado mais uma vez a elaboração do meu livro com uma paciência de Jó, desde a primeira ideia até a última linha, aconselhando-me e apoiando-me. Obrigado, Dorothea!

O HOMEM
É O CAÇADOR,
E A MULHER,
A CAÇA

A BUSCA PELO PARCEIRO

Também sobre a busca de um parceiro conhecemos uma quantidade suficiente de "sabedorias": na busca pela mulher de seus sonhos, os homens são caçadores determinados. As mulheres são a caça a ser capturada. O número de solteiros só faz aumentar. Relacionamentos que começam pela internet são superficiais. Quatro suposições sobre o amor – quatro mitos.

Vale a pena observar com atenção como surge o amor. Existe amor à primeira vista? Ou será que o amor precisa de um pouco de tempo para surgir? Nesse sentido, os mitos e a ciência não perseguem os mesmos objetivos, mas seguem por direções completamente opostas. Inúmeros estudos sobre o amor e as relações demonstraram: o tempo é um recurso importante para testar o parceiro. Para testar se ele, ou ela, é adequado(a). Porém, o mito do amor à primeira vista não nos concede esse tempo.

E mais: na busca pelo parceiro, as mulheres são tudo, menos uma caça a ser capturada. A busca pelo parceiro é conduzida e decidida pelas mulheres. Eis a tese central que pretendo comprovar nesta parte dos equívocos sobre o amor.

EQUÍVOCO Nº 29:

"O HOMEM É O CAÇADOR, E A MULHER, A CAÇA."

Por que a mulher é a única caça que espreita seu caçador

Há pouco tempo, no aeroporto: junto a uma escada, Jürgen cede a passagem a uma mulher chamada Carola. Ela lhe dá um breve sorriso, ele responde com outro. Pouco depois, Jürgen senta-se na sala de espera e sente um olhar sobre si. É o olhar de Carola, seguido por outro sorriso. Ele responde com um olhar amigável. Pouco tempo depois, outro olhar – e outro sorriso.

O que aconteceu? Não há dúvida: Carola convidou Jürgen para conversar com ela. Tem todo o direito de fazê-lo. Pelo globo afora, em quase todas as culturas do mundo, mulheres lançam olhares e sorrisos aos homens – quando são autorizadas! Com isso, transmitem um claro sinal de simpatia. A informação é clara e diz: gostaria que viesse falar comigo. Eis a realidade do flerte. Na maioria das vezes, é a mulher quem dá o *primeiro* passo.

OS HOMENS DÃO O SEGUNDO PASSO

Talvez Carola seja solteira e esteja em busca de um novo parceiro. Nada mais evidente, então, do que sinalizar interesse para outro solteiro – quando se encontra um que pareça simpático. Nem sempre é o que acontece, pois, apesar de todas as declarações da mídia, solteiros são particularmente raros (▶ Equívoco nº 30: O número de solteiros cresce sem parar). Mas não é apenas na busca pelo parceiro que as mulheres tomam a iniciativa. Também quando se trata de buscar uma aventura erótica, são elas a incentivar os homens a lhes dirigir a palavra. Se Jürgen estiver interessado em conhecer alguém – por exemplo, porque também é solteiro, está procurando uma parceira ou porque quer melhorar sua autoestima com uma conquista erótica –, este é o momento de pegar sua bolsa de viagem, caminhar devagar até Carola e travar uma conversa bastante espontânea com ela. Esta também é a realidade do flerte. Em geral, o homem dá o segundo passo. Não age, mas *reage*.

Se Jürgen for até Carola, podemos fazer a pergunta que perturba a maioria dos homens: *o que vou dizer a ela?* Felizmente, a resposta a essa pergunta é muito simples. As muitas centenas de mulheres que participaram dos meus workshops sobre a busca por parceiros já me confirmaram várias vezes: *tanto faz o que ele diz, o que importa é que seja simpático.* Portanto, Jürgen não precisa se preocupar em ter uma conversa muito sofisticada.

Embora tenha sido Carola a incentivar Jürgen a conversar com ela, isso não significa de modo algum que ela vai continuar entusiasmada com ele depois da conversa. A maioria dos flertes termina rápido. Muitas vezes, bastam algumas frases para que chegue ao fim. Ela precisa gostar de sua voz e de seu modo de falar. O inverso também é verdadeiro. Ele precisa gostar de sua voz e de seu modo de falar. E, por fim, *o que* Jürgen diz tem de despertar simpatia. Portanto, não é totalmente irrelevante o que ele vai dizer, pois a principal regra do flerte é a seguinte: *o aspecto positivo conta*. Precisamos ser simpáticos, educados e atenciosos. Talvez até possamos tecer elogios que adulem o outro.

Além disso, no flerte ainda ressaltamos os próprios méritos, pois nos apaixonamos pelos méritos do outro, por sua risada efusiva, sua piada inteligente, sua participação sincera, sua energia, sua inteligência. Aquilo que o outro tem a oferecer é o que nos atrai. Em contrapartida, aceitamos seu lado obscuro – se é que o percebemos no início.

UM É POUCO, DOIS É BOM, TRÊS É DEMAIS

Um terceiro olhar de Carola. Um terceiro sorriso. Carola é persistente, não há dúvida. Três olhares, três sorrisos. Contudo, não deveria fazer mais do que isso para atrair Jürgen. Não, não deveria ir até ele para iniciar uma conversa. É claro que *pode* agir assim; isso nem se discute. Vivemos em uma época emancipada. No entanto, a experiência mostra que o resultado não é bom. Com que finalidade uma mulher ainda iria querer conversar com um homem após três olhares e três sorrisos? Ela teria tentado fazer algo quatro vezes seguidas para iniciar um contato, e, mesmo assim, nada da parte dele. Essa unilateralidade do interesse fala por si só.

Se Jürgen estiver mesmo interessado em continuar o flerte, vai falar com Carola. Senão, nada fará – e ela poderá se poupar da conversa. Contudo, se Carola estiver no supermercado atrás dele ou o conhecer em um *website* de relacionamento, então conversar com ele fará sentido. Nessas situações, poderá olhar ou sorrir para ele até com pouco interesse.

Carola sabe de tudo isso muito bem. É possível facilitar a "caça" para os homens através de sinais claros. Porém, não pode nem deve "levá-lo à caça". Como diz o ditado: "Um é pouco, dois é bom, três é demais". Portanto, três olhares são mais do que suficientes. Se depois disso Jürgen se dirigir a ela, ótimo. Senão, também não é o fim do mundo. O próximo flerte virá com certeza. Carola gosta de flertar com homens desconhecidos. Conheceu seu último parceiro de forma semelhante. No trem de Bremen para Berlim.

Jürgen registrou a terceira tentativa de contato feita por Carola. Respondeu com um breve sorriso, breve até demais – e voltou a se concentrar, interessado, na leitura do jornal. Com isso, o flerte acabou. Sua duração? Talvez dois minutos.

Vale a pena registrar o seguinte: em geral, é a mulher quem dá o primeiro passo, seja na busca pelo parceiro, seja em casos de motivação erótica. E isso não apenas em aeroportos, estações de trem, cafés e casas noturnas. É uma situação frequente também ao conhecerem alguém no círculo de amigos ou no trabalho. Tal como aconteceu com Klaus.

COMO LER HISTÓRIAS REAIS DE AMOR

Já faz tempo que Klaus (38 anos) está descontente com seu relacionamento. Infelizmente, nada faz para mudar isso. Não sabe como melhorar sua relação. Tampouco consegue decidir-se pela separação. Por fim, quem o salva do relacionamento que vai mal é Martina, sua colega de trabalho, que sempre fica até mais tarde na empresa quando Klaus faz hora extra. Prepara um chá, traz uma xícara para ele também e olha longa e profundamente dentro de seus olhos. Mesmo de longe seu olhar caminha até ele. Após dois meses, ambos formam um casal.

Muitas vezes, histórias *reais* de amor se dão como acabamos de ilustrar. E, com frequência, nelas os homens se comportam de maneira particularmente passiva. Não escolhem, mas são escolhidos. Em 25 anos, conheci mais de duas mil histórias de amor. Muitas delas ocorrem segundo o padrão descrito. As mulheres cortejam os homens com meios não verbais. Os homens são escolhidos. Tal como Klaus, que, pelo que se pode perceber, nunca se decidiu pela nova parceira. Nem sequer a cortejou. Nessa situação também não houve nenhum relâmpago, tampouco uma flecha do deus Eros fez com que ambos os corações se inflamassem um pelo outro. Em vez disso, encontramos um padrão bem diferente: Martina fez uma proposta de relacionamento a Klaus. Seu comportamento dedicado e cortejador foi bastante claro. Klaus respondeu à sua oferta. Sentiu-se bem em ser querido por alguém. E ela foi gentil com ele, o que lhe bastou.

Por certo, o comportamento de Klaus também é uma espécie de escolha, uma escolha *passiva*. E, no fim, é claro que ele acabou tomando a iniciativa – afinal, é o que dita a convenção. Klaus perguntou a Martina se ela queria ir com ele ao cinema no fim de semana. E *ele* a beijou, quando, após o cinema, no calor do verão, os dois caminharam pelo parque de mãos dadas, pararam junto a um lago e observaram os patinhos darem seu primeiro passeio. Em sua lembrança, é exatamente isso que ficará guardado: ele a beijou após um encontro. Por mais que pareça curioso, na lembrança de Klaus, foi ele quem deu o passo decisivo para iniciar o relacionamento.

Na realidade, o amor costuma surgir de maneira muito lenta – tal como no caso de Klaus e Martina. Chega de mansinho, esgueirando-se como um gato. Klaus só registrou mais tarde a tentação furtiva de um novo amor. Apenas depois de quatro ou cinco semanas é que percebeu o aspecto extraordinário da situação. Notou o quanto Martina o cortejava e tentava conquistar sua afeição. Reconheceu que tinha a oportunidade de simplesmente substituir a antiga relação, já sem vida, por outra nova. Sem nenhuma dor de separação ou de amor. Sem precisar ficar solteiro em seguida nem passar um bom tempo procurando uma parceira. Isso o atraiu muito e o fez entrar no jogo.

AS IMAGENS EM NOSSA CABEÇA

Até aqui, falamos da realidade do amor e de seu surgimento. Porém, além disso, ainda existem, quase como em um mundo paralelo, nossos ideais e mitos relativos à busca pelo parceiro, bem como as imagens em nossa cabeça. Esses mitos não se encaixam de modo algum na realidade. A imagem que fazemos da busca pelo parceiro não é a de mulheres que tomam a iniciativa nem a de homens que só reagem a propostas escancaradas de simpatia. Nossa imagem da busca pelo parceiro é, sobretudo, a do homem ativo. A mulher não corteja, é cortejada. Em caricaturas, o homem com trajes da Idade da Pedra abate sua futura esposa com uma maça e a arrasta para sua caverna. *O homem é o caçador, e a mulher, a caça.*

Porém, na realidade, é a mulher quem "espreita" o homem – quem conhece esse padrão consegue classificar melhor alguns fenômenos acerca da busca pelo parceiro:

- Por exemplo, por que algumas mulheres nunca são abordadas por homens, mesmo saindo com frequência ou comparecendo aos compromissos para os quais são convidadas. Elas nunca enviam os primeiros sinais de simpatia – por isso, os solteiros presentes acabam se ocupando de outras mulheres, ou seja, daquelas que sinalizaram o "convite à conversa".
- Por exemplo, por que não vale a pena para uma mulher abordar um homem. Na pior das hipóteses, desse modo ela acabará por manobrá-lo em uma tentativa incompleta de relacionamento. Após nove meses de intensos esforços por parte dela e grande desinteresse por parte dele, ele diz: "Eu não sabia que você estava levando nossa relação tão a sério".
- Por exemplo, por que para um homem é quase inútil abordar uma mulher em um café sem antes receber dela um convite não verbal para tanto. Se ela estivesse interessada em ser abordada por ele, teria sinalizado. Como você pode ver, o excesso de zelo por parte dos homens não compensa.
- Por exemplo, por que os homens deparam com tanta facilidade com mulheres totalmente inadequadas.

A APARÊNCIA REALMENTE CONTA

Até aqui, vimos as descobertas sobre a dinâmica da escolha do parceiro e sobre quem dá o primeiro passo – e quem dá o segundo. Com isso, alguns aspectos fundamentais da busca pelo parceiro estão esclarecidos. Contudo, ainda resta uma questão em aberto: *por que, afinal, Jürgen não respondeu ao convite de Carola para se aproximar e falar com ela?* Após seu terceiro olhar, ele se concentrou no jornal, evidenciando a falta de interesse por ela. Por quê? Jürgen é solteiro e, como Carola, está buscando uma relação. Portanto, a razão de seu desinteresse por ela não reside no fato de ter um compromisso com alguém. Jürgen tem duas razões relevantes para seu comportamento. O primeiro é a aparência de Carola.

Não vá pensar que ela seja feia. Não é isso. Tanto Jürgen quanto Carola têm uma beleza mediana, e isso até facilita a busca por um parceiro. Pelo menos, torna a busca mais fácil, em comparação com pessoas de beleza acima da média (▶ Equívoco nº 36: Mulheres bonitas têm mais chances de encontrar um parceiro). A razão para o desinteresse de Jürgen é muito mais banal e, ao mesmo tempo, a mais comum para os homens "darem um fora" nas mulheres. Trata-se da cor de seu cabelo e de sua estatura. Carola não se adapta ao "tipo de presa" de Jürgen, que prevê que a parceira seja alta e de cabelos escuros, como sua mãe. Mas Carola é baixa, loura e delicada. Por isso, não tem nenhuma chance com ele. Simples assim. Em geral, homens e mulheres têm esses padrões de busca. E apenas em raras ocasiões os desconsideram.

Além disso, Jürgen tem outra razão para sua falta de interesse por Carola. Nessa noite terá um encontro muito promissor com Silke. Já está pensando nisso e se deve levar-lhe rosas vermelhas. É a terceira vez que marcam um encontro. Portanto, está ansioso. Silke é alta e tem cabelos curtos e escuros – é exatamente o tipo de Jürgen. Se você tiver curiosidade para saber como esse encontro vai se desenrolar, veja a continuação na página 235 (▶ Equívoco nº 34: Os homens são racionais).

EQUÍVOCO Nº 30:

"O NÚMERO DE SOLTEIROS CRESCE SEM PARAR."

Por que nunca houve tão poucos solteiros como hoje

É uma lástima! Ano após ano, cresce o número de solteiros na Alemanha, batendo novos recordes, até então nunca vistos. Nas cidades grandes, de cada três pessoas, uma é solteira, e nos distritos metropolitanos, uma a cada duas. A Alemanha é um país repleto de solitários que querem um relacionamento, mas são incapazes de iniciá-lo. Se revistas e jornais como *Der Spiegel*, *FAZ*, *Stern*, *Die Zeit* e *Die Welt* escrevem isso, é porque deve ser verdade, pensam muitos. No entanto, não é. Não existem esses solteiros todos que a mídia relata.

A julgar pelos estudos científicos, o número de solteiros na Alemanha está estagnado desde os anos 1960 até hoje. E, se fizermos uma retrospectiva até o século XIX, veremos que esse número reside em um nível extremamente baixo, até mesmo do ponto de vista histórico. Na época, cerca de metade da população adulta e solteira vivia no campo. O rapaz, a moça, a tia que não havia se casado – todos eram solteiros e, muitas vezes, assim permaneciam a vida inteira. O casamento não acontecia ou então – o que muitas vezes era o caso – as pessoas não tinham como fundar um lar. Será que hoje ainda existe quem não possa se permitir um relacionamento por razões financeiras? A resposta é: não. Por isso, em nossos dias, no período da meia-idade (ou seja, entre 30 e 55 anos), não mais do que 5% a 10% das pessoas nascidas no mesmo ano são solteiras. E metade delas não quer saber de um novo relacionamento no momento. São pessoas que ainda não curaram as feridas da última tentativa.

Ninguém precisa recusar um relacionamento porque tem pouco dinheiro. A riqueza crescente de nossa sociedade pôs um fim aos elevados números de solteiros de outros tempos. Faz todo o sentido. No entanto, ninguém escreve sobre isso. Que estranho!

E ainda há outras razões para o número de solteiros cair. Hoje, quem se torna involuntariamente solteiro aos cinquenta ou sessenta anos devido à morte do parceiro está menos do que nunca preparado para passar o restante da vida sem um relacionamento. Solteiros involuntários existiam em grande número nos anos 1950. Basta pensarmos nas tantas viúvas de guerra que, após a morte do companheiro, não conseguiam se decidir a casar de novo. Em seu íntimo, eram forçadas ao modelo da monogamia estrita. E sabe-se lá o que diriam os vizinhos e os filhos sobre um novo relacionamento. Além do mais, tampouco havia uma grande oferta de homens. Muitos haviam tombado na guerra.

Hoje, por outro lado, é bem possível que, após um ou dois anos de viuvez de uma mulher, seus filhos lhe mostrem com toda a diplomacia que ela ainda tem uma longa vida pela frente e que um novo relacionamento poderia conferir mais alegria e conteúdo a esse período. É bem possível que nessa atitude também esteja implícito certo egoísmo. Afinal, quem aos vinte ou trinta anos quer se sentir obrigado a cuidar da "mamãe"?

POR QUE TEMOS A IMPRESSÃO DE QUE HÁ MAIS SOLTEIROS HOJE DO QUE ANTIGAMENTE

De onde vêm os altos números de solteiros que a mídia sempre se deleita em citar? Muito simples: ninguém conta quantos solteiros há na Alemanha. Em vez disso, os meios de comunicação de massa recorrem ao número de *lares com uma pessoa* no país, que, de fato, não para de crescer. E isso se dá pelas mesmas razões que justificam o número tão baixo de solteiros de hoje: nossa sociedade está cada vez mais rica. Cada vez mais pessoas podem se permitir ter uma moradia. E muitas o fazem mesmo quando vivem em um relacionamento. Isso se comprova sobretudo nos distritos metropolitanos, sempre tão citados. Tomemos, por exemplo, o bairro Schöneberg, em Berlim. Um pedaço agitado e animado da cidade. A maioria de seus habitantes mora em apartamento próprio – não importando se têm um parceiro ou se são solteiros. Entre eles também há os que têm sua segunda moradia no bairro, residindo ali eventualmente, mas trabalhando em outro lugar, além dos casais que, apesar do relacionamento, vivem em casas separadas. *Living apart together* é o nome desse novo modelo alemão de vida. Ao longo do tempo, muitos casais passaram a viver assim nas cidades grandes. E a eles também se acrescentam aqueles que hoje ficam um bom tempo sozinhos. Trata-se de pessoas mais jovens (entre vinte e trinta anos) ou mais velhas (a partir dos sessenta anos).

De fato, muitos dos que hoje têm entre vinte e trinta anos ficam sozinhos por certo tempo; alguns, várias vezes seguidas. A monogamia serial é a forma de relacionamento do nosso tempo, e o período entre os vinte e os trinta anos é o ápice desse estilo de vida.

Hoje em dia, a razão para isso são as fases de formação dos jovens adultos, que costumam ser mais longas. Por causa delas, cada vez mais pessoas protelam o momento de constituir uma família para depois dos trinta anos. Os sociólogos gostam de chamar o período anterior de *adolescência prolongada*. Após os estudos universitários, seguem-se inúmeros treinamentos, que, por sua vez, são sucedidos por contratos de trabalho por tempo limitado. Jovens adultos já formados demoram cada vez mais para conseguir seu primeiro contrato de trabalho fixo, um fato que influi de maneira marcante na disponibilidade para uma relação de compromisso e que, pelo menos nas últimas duas décadas, adiou em cerca de quatro anos a idade para se casar. Hoje os homens se casam, em média, aos 33,1 anos, e as mulheres, aos 30,3.

Na adolescência prolongada, embora a maioria das pessoas sinta a necessidade de um relacionamento sólido, a disponibilidade para uma relação que de fato signifique um compromisso e para constituir uma família não é tão acentuada. Por conseguinte, na busca por um parceiro, em geral não se observa muito bem se ele é mesmo adequado (▶ Equívoco nº 35: Se você amar a si mesmo, pouco importa com quem irá se casar). Desse modo, nessa idade arrumam-se sempre "relações em série". O relacionamento dura apenas de um a três anos. Em seguida, vem a fase de solteiro, por sua vez seguida por outro relacionamento.

Também na faixa etária acima dos sessenta anos há um grupo crescente de pessoas sozinhas, com frequência por motivo de viuvez. Muitas alcançam uma idade bastante avançada, mas seu parceiro, não. Assim, aumenta a probabilidade de se ficar sozinho na velhice por certo tempo.

Nesses dois "grupos", de mais jovens e mais velhos, encontramos hoje mais solteiros do que antigamente. Entre eles, porém, no período de meia-idade, o número de solteiros é bem menor. Portanto, não é de admirar que pessoas nessa faixa etária gostem de fazer suas buscas na internet. Nela encontram solteiros em número considerável – à diferença do que ocorre no cotidiano da maioria das pessoas.

EQUÍVOCO Nº 31:

"RELACIONAMENTOS PELA INTERNET SÃO SUPERFICIAIS E NADA ROMÂNTICOS."

Por que com a internet (quase) nada muda nos relacionamentos

A culpa é sempre da internet, que faz da busca por parceiros um mercado indigno de possibilidades. Ela induz à troca constante de parceiro, que também costuma ser chamada de monogamia serial. Rebaixa o amor a um acontecimento planejado, o que, por certo, não é nada romântico. Seja como for, é superficial. Essas são as queixas dos sociólogos, críticos em relação à tecnologia. Contudo, em geral, não dispõem de nenhuma pesquisa sobre o tema; apenas exprimem sua opinião. Estão em seu direito. Resta apenas saber se tudo isso também pode ser chamado de verdadeiro. Ou, se quisermos perguntar de maneira irônica: conhecer alguém em um bar, no Carnaval ou dançando seria mesmo mais significativo, romântico e digno do que o encontro na rede?

Pesquisadores norte-americanos da Universidade de Chicago examinaram essa questão em um amplo estudo representativo, feito com cerca de vinte mil participantes de ambos os sexos.

Quase não encontraram diferenças entre casais que se conheceram na internet (os chamados casais *on-line*) e os que se conheceram no boliche ou em um curso sobre "escrita criativa" em alguma instituição de ensino (casais *off-line*). Ambos os grupos mostram satisfação semelhante – sim, os casais que se conheceram na internet estão até um pouco menos satisfeitos com seu relacionamento (3%) do que os outros. E agora vem a grande notícia: segundo esse estudo, casais que se conheceram na vida real apresentaram uma porcentagem de separação 20% maior do que aqueles cujo primeiro contato foi efetuado pela internet. Portanto, casais *on-line* têm relações mais estáveis.

Sem dúvida, muitas pessoas ainda têm reservas quanto à busca na rede. Por exemplo, Marita. Aos 32 anos, por nada neste mundo quer conhecer um parceiro na internet. É anônimo demais. Nem um pouco romântico. Porém, após um workshop sobre busca por um parceiro, resolveu dar uma chance ao amor na internet.

"Ficou claro para mim que disponho de pouquíssimo tempo no dia a dia para encontrar o homem adequado. Com certeza, isso levaria anos", diz Marita sobre sua mudança de ideia. Tem dois filhos pequenos, um bom emprego e ótimas amigas. Além disso, tem aversão a clubes esportivos e academias; em vez disso, prefere correr sozinha. Do modo como leva a vida, dificilmente conhecerá "por acaso" algum solteiro na idade adequada – tampouco teria tempo para uma busca focada em um parceiro para toda a vida.

Portanto, uma semana após o workshop, a moradora de Munique se cadastrou em um conhecido portal de relacionamento *on-line*, passou por um teste psicológico e, em seguida, recebeu propostas de uma porção de candidatos.

"Já nem sei exatamente, mas com certeza foram mais de duzentos." Por isso, Marita simplifica a escolha. Não escreve a nenhum homem, mas todos os dias dá uma olhada nos e-mails. Na sua idade, pode-se permitir essa atitude confortável. Entre os trinta e quarenta anos, há mais homens do que mulheres nas buscas na internet; portanto, são eles que escrevem para elas. Mais tarde, essa relação se inverte. A partir dos cinquenta anos, são as mulheres que buscam mais – e, por conseguinte, são elas que devem escrever a eles.

Por exatos sete dias, Marita só recebe mensagens de homens que, no entanto, não conseguem convencê-la. Por fim, no oitavo dia, Klaus lhe escreve um e-mail curto, atraente e muito simpático. Segundo Marita, Klaus também tem um filho, gosta de correr e tem boa aparência. Muito em breve, ambos vão se encontrar. Haverá um segundo encontro, e passarão a se ver com frequência; vão se apaixonar e, após um ano, morar juntos.

Pode ser simples assim a busca na rede.

O SEGREDO DO FILTRO... E DO "BOM" PERFIL

Muitos dos que recorrem à internet sonham com esse tipo de busca simples, tal como a experimentada por Marita. Duzentos homens lhe foram sugeridos como mais ou menos adequados, o que lhe proporcionou uma boa sensação. Só o número já indica: há escolha. Mais de trinta homens lhe escreveram. Porém, ela se encontrou com apenas um deles – justamente o mais simpático. O fato de ela ter encontrado logo o correto é comum na rede. E a razão é simples: existe um filtro muito eficaz na busca virtual.

Por um lado, trata-se do teste psicológico feito por Marita. Segundo muitos portais de busca, o computador não sabe quem combina com quem. No entanto, ele descarta candidatas e candidatos sem nenhuma afinidade e sugere os adequados. O segundo filtro, muito importante na busca com o auxílio de um portal de relacionamento, é o perfil apresentado por Marita. Se for bom, conseguirá atrair os homens corretos e adequados. Também é importante desencorajar os que não o são. Porém, se for ruim, então a busca na rede trará, sobretudo, frustração: inúmeros contatos de e-mail, telefonemas decepcionantes, encontros monótonos.

Portanto, o verdadeiro segredo do sucesso na busca do parceiro na rede está nesse filtro, que faz com que, desde o princípio, os solteiros encontrem apenas pessoas com uma probabilidade bem maior de combinar com eles do que qualquer outra que viessem a encontrar na rua – em um bar ou no Carnaval.

Mesmo no futuro, a internet não irá mudar muita coisa nas maneiras habituais de se conhecer alguém. Tanto hoje quanto antigamente, cerca de metade de todos os casais se formou depois que os parceiros se conheceram através do círculo de amigos ou no trabalho. Porém, quando esse modo não funciona, quem está em busca de um parceiro recorre cada vez mais à rede – cerca de um terço dos casais acaba se conhecendo dessa forma.

Contudo, para uma busca bem-sucedida, é importante ser honesto ao apresentar seu perfil. Quem de fato busca um parceiro com alguma afinidade também não pode deixar de revelar algumas de suas particularidades. Se uma mulher de 68 anos gosta de caminhar nas montanhas no tempo livre, tem de registrá-lo em seu perfil, sem se questionar se isso poderia assustar alguns homens. É claro que isso vai acontecer. É bem provável que ela receba pouca ou nenhuma mensagem de quem não gosta de caminhar ou de quem não pratica exercícios físicos. Também os homens que buscam uma mulher para lavar sua roupa e fazer sua comida escreverão com menos frequência a uma senhora ativa. Porém, ao mesmo tempo, com os dados sobre seus *hobbies*, ela atrairá homens bastante específicos. Os esportistas, por exemplo. E aqueles que, de todo modo, lavam as próprias roupas. Assim, aumenta a probabilidade de ela receber uma mensagem de um homem que de fato esteja procurando uma mulher como ela.

Marita não apenas tinha um bom perfil. Também seguiu uma regra muito importante para a busca na rede: *o amor surge no encontro pessoal.* Após trocar três simpáticos e-mails com Klaus, foi se encontrar com ele. Se é verdade que existe uma química entre as pessoas, não é possível descobri-la pela internet.

Ainda resta esclarecer uma pergunta: por que casais *off-line* apresentam uma probabilidade de separação 20% maior do que os casais *on-line?*

A princípio, haveria a suposição de que parceiros que se conheceram pela internet se interessam mais um pelo outro desde o início e trocam com rapidez informações mais pessoais em relação ao que se costuma fazer quando se sai com alguém – e isso melhoraria o resultado de sua busca. Nesse caso, a internet não seria um coveiro do amor; ao contrário, até lhe daria um sopro de vida. Talvez haja mesmo um fundo de verdade nessa suposição

Contudo, sobre o porquê de os casais *off-line* se separarem com mais frequência, tenho outra tese. Ela poderá parecer pouco ousada aos ouvidos do leitor, mas posso lhe garantir que, por trás dela, há muitos anos de experiência com o aconselhamento de solteiros: casais *off-line* correm um risco maior de se separar porque, quando se conheceram, o álcool desempenhou um papel mais significativo do que para os casais *on-line*. Sob a influência do álcool, todos tendemos a dizer coisas belas ao nosso interlocutor. Muitas vezes, isso também nos motiva a aceitar sem demora propostas eróticas. Porém, não faz com que o outro combine conosco (▶ Equívoco nº 33: Sexo após o primeiro encontro é a melhor forma de prender o parceiro adequado). Como você pode ver, conhecer alguém em um bar, no Carnaval ou dançando pode até parecer romântico, mas também tem claras desvantagens.

EQUÍVOCO Nº 32:

"EXISTE AMOR À PRIMEIRA VISTA."

Por que o primeiro olhar pode nos induzir tão facilmente ao erro

Ainda hoje a flecha do deus grego Eros (para os romanos: Amor) decide o destino dos amantes – pelo menos, é nisso que muita gente acredita. Se a flecha for de ouro, o atingido se apaixonará de modo ardente. Por outro lado, se for de chumbo, o amor não será correspondido. Assim se explicam o amor e seu surgimento: o amor acomete o ser humano como se fosse controlado por uma força externa.

Em resumo, a atual teoria romântica sobre o grande amor diz: *viram-se e, no mesmo instante, ela foi atingida pelo raio (pela flecha) do amor. E, desde então, vivem em harmonia.* A história não é muito diferente entre os gregos antigos e seu Eros, lançador de flechas. Também nesse caso, o impulso decisivo para o amor não vem dos próprios amantes; há uma força superior contra a qual o ser humano nada pode. O mito do amor romântico dá continuidade à concepção de amor proveniente dos gregos antigos. Que impregnou toda a nossa cultura. Seja nos filmes água com açúcar de Hollywood ou nos de ação, seja nas telenovelas, nos romances de amor ou nas canções modernas – por toda parte encontra-se o clichê do amor romântico.

Mas será que existe mesmo o *amor à primeira vista*? Segundo a resposta da ciência, não. Aquilo que consideramos amor à primeira vista é, antes, uma mescla de atração erótica e a maravilhosa sensação de ser cobiçado. Duas pessoas se olham nos olhos, acham-se eroticamente interessantes, sinalizam seu interesse uma à outra – e isso as faz se sentirem muito eufóricas. Em uma pesquisa, Benedict Jones, do Laboratório de Estudos Faciais da Universidade de Aberdeen, identificou com clareza esses "ingredientes" que a sensação de um *amor à primeira vista* desencadeia em nós:

1. Um interesse erótico que se instala de repente – portanto, o amor à primeira vista é um erotismo à primeira vista.
2. Uma longa e profunda troca de olhares. Se a sensação de amor à primeira vista surgirá, vai depender da intensidade do contato visual.
3. Ambos os envolvidos sinalizam reciprocamente o desejo erótico. E ambos registram, ao mesmo tempo, que são desejados um pelo outro. Isso desencadeia uma sensação de bem-estar. Também se poderia dizer: ser cobiçado afaga nosso ego.

Não quero diminuir a magia desses momentos, nos quais, de repente, a distância natural entre duas pessoas desaparece e elas sentem uma forte atração. São momentos mágicos na vida, e devemos aproveitá-los. Porém, não são *amor à primeira vista*. Nem poderiam ser. O amor precisa de tempo para surgir. Pressupõe intimidade e conhecimento sobre a essência do outro.

Nossa intuição é muito rápida ao reconhecer simpatia e atração erótica. No entanto, se o outro, com sua essência, combina conosco; se é mesmo nosso tipo do ponto de vista do caráter, tudo isso só poderá ser descoberto ao longo do tempo. E justamente esse tempo não nos é concedido pelo mito do grande amor. Para ele, não é necessário lançar um olhar crítico ao outro. Nem mesmo um olhar curioso, que indague: que tipo de pessoa é você? Será que combina comigo? (▶ Equívoco nº 35: Se você amar a si mesmo, pouco importa com quem irá se casar.)

EQUÍVOCO Nº 33:

"SEXO APÓS O PRIMEIRO ENCONTRO É A MELHOR FORMA DE PRENDER O PARCEIRO ADEQUADO."

Por que o sexo rápido é o caminho mais seguro para um vínculo de vida curta

Nicole tinha 32 anos ao conhecer Joachim. Trocaram e-mails algumas vezes através de um portal de busca na internet. Em seguida, Joachim lhe sugeriu um encontro. Em determinado bar. Três horas e quatro coquetéis depois, Nicole voltou rindo à toa para casa. *Que homem maravilhoso!* Ele a tinha feito rir o tempo todo. Joachim tem boa aparência, um bom cargo, fez faculdade, como ela, e isso é importante. É o partido perfeito. Nicole parece bastante ansiosa para o segundo encontro. Se a noite correr bem, irá com ele para casa. E assim aconteceu.

Dois anos e meio depois, Nicole está na sessão de terapia com os olhos úmidos. Joachim e ela brigam o tempo todo. E as brigas são intensas. Raramente Joachim fala bem dos amigos dela. Sempre foi assim, mas no início Nicole não deu bola, achou que aquilo fosse parar. Mas não parou. E seus comentários estúpidos a irritam cada vez mais. Do entusiasmo inicial com o sexo, tampouco restou alguma coisa. Quase não transam mais e, quando o fazem, o envolvimento não é grande. E agora Nicole se pergunta: *o que fiz de errado?*

Muito simples: de fato, a atração erótica entre duas pessoas pode se instalar com bastante rapidez. Pode atingir como um raio. E, em muitos casos, o sexo logo após o primeiro encontro une os parceiros – porém, infelizmente, pode unir tanto os que combinam quanto os que não combinam. O teste para saber se o outro serve como parceiro para a vida não se realiza. Por isso, hoje o sexo após o primeiro encontro é o caminho mais comum para uma relação inadequada. Assim, muitos dos que procuram aconselhamento passam anos importantes da vida com um parceiro que, observado de perto, nunca foi o ideal e com o qual é impossível constituir a esperada família.

Nicole desata a chorar quando fala do desejo de ter filhos. No extinto relacionamento de dois anos e meio, muitas vezes cuidou do filho que Joachim tivera no antigo casamento. Mas não conseguiu progredir em seu desejo de ter o próprio filho. Em vez disso, ouvia os ponteiros do relógio biológico, que soavam em alto e bom som.

O que Nicole e muitas mulheres (e homens) jovens subestimam é a enorme força de ligação desencadeada pela sexualidade (▶ Equívoco nº 3: A sexualidade é uma pulsão). O grande erro: em vez de avaliarem se o homem que acabaram de conhecer é adequado para ficar a seu lado, muitas mulheres vão sem pensar com ele para a cama. E os hormônios que o corpo libera após o sexo fazem seu trabalho com muito empenho, cuidando para que se instaure a agradável sensação de ligação.

Os envolvidos consideram isso um sinal seguro de que encontraram um novo amor. Se o outro combina ou não, é muito incerto. A única certeza é que, do ponto de vista erótico, é interessante. Desse modo, a busca por um parceiro torna-se uma loteria – como no caso de Nicole. No futuro, ela deveria esperar para ter uma aproximação física até se apaixonar. Antes disso, nada de beijos nem de sexo. Nicole ficou assustada com essa sugestão.

"Nem beijo?", pergunta. Não. Afinal, que vantagem isso traria? Ela precisa avaliar se o outro é adequado para o papel de homem ao seu lado. Se for, então terá a vida inteira para beijá-lo o quanto quiser.

EQUÍVOCO Nº 34:

"OS HOMENS SÃO RACIONAIS."

Por que os homens são os verdadeiros românticos

Hoje, Jürgen e Silke têm seu terceiro encontro. Em geral, o terceiro é um momento emocionante quando se está conhecendo alguém, uma espécie de ponto de virada, pois, no quarto encontro, os envolvidos costumam já estar apaixonados. Ou então termina o flerte, pois um dos dois se retira. Portanto, segundo todas as previsões, nesta noite será decidido se Silke e Jürgen formarão ou não um casal. Ou ambos ficarão muito entusiasmados um com o outro ao longo da noite e acabarão se apaixonando, ou nada acontecerá.

Jürgen levou para Silke uma rosa, que lhe entregou com elegância. Silke ficou entusiasmada. Será que esse encontro vai correr tão bem quanto o último? Veremos! Devem estar tensos, e estão mesmo. Apesar disso, Jürgen se saiu muito bem ao chegar com a rosa. Suponho que não vá estragar tudo ao longo da noite.

Não há dúvida, as mulheres adoram gestos e ações românticas por parte dos homens. Gostam de receber rosas, o *souvenir* especial dos encontros; de serem convidadas para andar de barco a remo no Tiergarten, em Berlim; ou para um piquenique estivo junto ao lago, quando a lua começa a despontar. E sentem falta de alguma coisa quando os homens não fazem nada disso. Romantismo é *quando ele se comporta de maneira romântica*. É assim que nossa ideia de romantismo se completa. E, como as mulheres desejam esse comportamento, e os homens *nem* sempre se comportam como elas gostariam, desenvolveu-se a convicção de que, no amor, as mulheres seriam românticas, orientadas pelo sentimento, enquanto os homens seriam racionais.

Os homens consideram a si mesmos e suas decisões de vida racionais – e veem as mulheres como seres muito emocionais e, muitas vezes, irracionais. Raramente esses clichês sobre os gêneros se confirmam em estudos empíricos. No entanto, clichês exercem uma forte pressão. Conduzem-nos a modelar nossos pensamentos, nossos sentimentos, nossas ações e até mesmo nossas lembranças de acordo com as expectativas.

Portanto, os homens *pensam* que, em matéria de amor, são muito racionais. Mas isso não é verdade, conforme pôde comprovar um grande estudo, realizado pela psicóloga e socióloga norte-americana Terri Orbuch.

O QUE SÃO CONCEPÇÕES DE AMOR ROMÂNTICO?

Uma concepção de amor romântico não significa comparecer a um encontro com uma rosa. Significa, antes, que uma pessoa *acredita no clichê do amor romântico.* Acredita no *amor à primeira vista.* Acredita que *o verdadeiro amor supera todos os obstáculos.* Está convencido de que *o amor é sustentado principalmente por sentimentos* – e não, por exemplo, por ações positivas e de dedicação em relação ao outro.

Os homens admiram o rosto bonito *dela*, suas longas pernas e o sorriso mais simpático da galáxia – e isso basta para se convencerem de que *ela* é a mulher dos seus sonhos! Não é possível ter dúvidas. Não é preciso refletir. Assim, ele entra de cabeça na próxima aventura amorosa. Com um desfecho incerto.

Sete por cento de todos os homens dizem "eu te amo" a uma mulher já no primeiro encontro. Dá para imaginar uma coisa dessas? No primeiro encontro! Será que alguém acredita que, na busca por um parceiro, também haja uma proporção semelhante de mulheres *orientadas pelo sentimento e sem noção da realidade*? É claro que não. Nem sequer *um* por cento delas tende a declarações de amor tão exageradas logo no primeiro encontro. *Sete* contra *um* por cento. Eis a proporção da distribuição de racionalidade entre os gêneros no que se refere ao amor.

Na busca por um parceiro, as mulheres são muito mais seletivas. Com frequência, os homens acabam sentindo isso na pele, pois elas dão o fora neles de cinco a dez vezes mais do que eles nelas. Jürgen já passou por essa experiência em várias ocasiões. Já levou muito "não" em suas buscas. Teriam sido vinte? Ou será que foram mais? A maioria das mulheres o achou sério demais, chato demais, "pé no chão" demais. Jürgen não tem objetivos extravagantes para sua vida. Não pretende escalar o Kilimanjaro nem abrir um negócio de peles no Alasca, tampouco atravessar o

Saara. Quer morar em uma casa agradável à beira-mar, trabalhar com afinco e aproveitar a família à noite, depois do expediente ou de cortar a grama.

CRITÉRIOS NA BUSCA POR UM PARCEIRO

O alto número de foras que os homens levam mostra com clareza quem toma a decisão na busca pelo parceiro: são as mulheres. Ao final da noite, Silke saberá se vai querer rever Jürgen. A rosa que trouxe para ela conta pontos positivos para ele, quanto a isso não há dúvida. Contudo, Silke não quer se deixar impressionar demais. Presta atenção em muitas coisas: ele faz perguntas interessantes (ponto positivo)? Também fala um pouco de si mesmo (ponto positivo) ou é muito fechado (ponto negativo)? É muito convencido, fala apenas de si mesmo e do próprio trabalho (ponto muito negativo)? Ou mostra curiosidade para saber o que ela faz (ponto positivo)? É o tipo de homem cujos olhos brilham quando fala da sua nova BMW (ponto negativo)? Como teriam sido suas relações anteriores? Ele fala com desprezo da ex-namorada (ponto muito negativo)?

Portanto, as mulheres são seletivas. Mas que sorte! Quantos casamentos infelizes deixam de se realizar, ano após ano, por causa disso? Na minha opinião, inúmeros. Em sua busca, as mulheres utilizam multiplicidade de critérios – entre *vinte* e *duzentos*.

E os homens? Em que prestam atenção durante um encontro? A maioria baseia-se em *dois* pontos de referência para saber se *ela* é ou não a mulher correta. *Em primeiro lugar*, reparam sobretudo se tem boa aparência. Esse critério é pouco surpreendente.

Provavelmente você não aguardava outra coisa. Mas espero poder surpreendê-lo um pouco com o *segundo* ponto: ela está sendo simpática comigo? No fundo, isso nada mais significa que, ao longo da noite, Jürgen vai se perguntar sobretudo o seguinte: *estou agradando?*

Silke vai lhe mostrar isso de diversas maneiras. Para tanto, utilizará acima de tudo sua linguagem corporal de modo inconsciente, sem nenhuma reflexão. Vai cruzar os braços quando não gostar do que Jürgen tiver acabado de dizer. Vai se inclinar com interesse quando estiver curiosa para saber a continuação de sua narrativa. Vai se recostar na cadeira e deixar o olhar vagar pelo ambiente se Jürgen a entediar. Para tudo isso, Silke não precisa de nenhum workshop sobre comunicação por linguagem corporal. Também Jürgen não precisará dele para decifrar os sinais dela. Intuitivamente, entenderá se tem ou não alguma chance com Silke.

Se ela se mostrar entusiasmada, ele vai perceber. Saberá, sem saber por quê. Se Silke ficou entusiasmada com Jürgen, também foi gentil com ele. Por isso, Jürgen vai ligar de novo para ela em um ou dois dias. E irá lhe dizer que gostaria de revê-la.

POR QUE SÃO OS HOMENS OS ROMÂNTICOS

De onde se conclui que os homens têm concepções muito românticas sobre o amor? Atribuo a vantagem das mulheres em matéria de sentimentos, amor e relacionamento a uma regra básica da vida humana: *time on task*. Traduzindo: quanto mais tempo e energia empregarmos em uma atividade, tanto mais nos aperfeiçoaremos nela. Em geral, apenas *um* dos gêneros emprega tempo e energia no campo dos sentimentos. E esse gênero é o feminino.

Já no jardim de infância, Jürgen gostava de brincar com pecinhas de madeira. Adorava realizar construções ousadas com outros meninos, e era muito reconhecido pelas educadoras por seus feitos. O que fazia Silke enquanto isso? Ocupava-se dos sentimentos das outras meninas na creche. Quem gosta de quem e por quê? Mais tarde, na puberdade, Silke passou por uma verdadeira universidade dos sentimentos. Qual amiga, qual colega de classe está apaixonada no momento? Como está lidando com isso? Quem está namorando quem e por quê? Essas perguntas a ocuparam dia após dia, enquanto Jürgen, perdido em pensamentos, olhava pela janela e imaginava um novo prédio, que transpunha para o papel com riqueza de detalhes.

O que você acha: qual dos dois é mais romântico e irracional em matéria de amor quando ambos finalmente se conheceram? Seria Jürgen, que age de maneira racional e, após mudar de emprego, vive viajando pela Europa, usufruindo do seu aumento de salário? Ou seria a agitada Silke, que se pergunta como será seu futuro depois de começar a trabalhar em um centro de orientação educacional?

A resposta não é difícil: no que se refere à vida emocional, a questões amorosas e outras como "Quem combina comigo (e quem não)?", por certo Silke sabe dez vezes mais do que Jürgen. Como ele preenche suas lacunas? É muito simples: com concepções de amor romântico. Por isso, são os homens os verdadeiros românticos.

EQUÍVOCO Nº 35:

"SE VOCÊ AMAR A SI MESMO, POUCO IMPORTA COM QUEM IRÁ SE CASAR."

Por que é tão importante escolher o parceiro adequado

Se você amar a si mesmo, pouco importa com quem irá se casar. Já nos ocupamos da primeira parte dessa frase – o postulado de que o amor-próprio seria o principal ingrediente para um amor bem-sucedido (▶ Equívoco nº 19: Somente quem ama a si mesmo também consegue amar os outros). Resultado: outras capacidades são muito mais importantes para um amor bem-sucedido. Resta a segunda parte da frase, segundo a qual *pouco importa com quem iremos nos casar* se amarmos a nós mesmos o suficiente. É uma visão tentadoramente simples das coisas. E não é verdadeira.

Para entender isso, lancemos a princípio um olhar a um casal perfeito do século XX: o príncipe Charles e Lady Diana. Um não tinha nada a ver com o outro, o que perceberam logo cedo. Mesmo assim, tentaram, em vão, ficar juntos. A lista das diferenças é longa: Charles é um típico primogênito e herdeiro do trono. Cresceu sabendo disso. Diana Spencer era a terceira filha, cujo nascimento enfureceu seu pai, que queria um filho homem. Não foi um bom começo de vida. Charles vinha de uma família irretocável, se quisermos considerar a casa real uma família normal. Diana era filha de pais divorciados; à época, uma situação bastante incomum. Mais importante ainda: sua mãe precisou deixar os filhos com o marido para obter o divórcio. Fazia muito tempo que o casamento dos pais estava arruinado.

Diana era bonita – já Charles, temos de convir, não a acompanhava nesse quesito. Em compensação, havia feito faculdade e concluído a exigente formação para piloto de helicóptero e avião a jato. Diana sempre fora má aluna. Eis os contrastes mais grosseiros desse suposto "amor do século". E, como se tudo isso já não fosse suficiente, havia ainda a diferença de treze anos entre ambos.

Deveria um homem de 33 anos casar-se com uma mulher de vinte? Boa pergunta. Como terapeuta, tendo a desaconselhar. *Com veemência.* Em geral, uma diferença tão grande de idade é muito difícil de ser superada. Na idade em que ambos estavam, a quantidade de experiência de vida é bem diferente. Pela minha experiência, isso sempre acarreta problemas que, com o passar do tempo, muitas vezes se mostram insolúveis.

No entanto, a diferença de treze anos entre Charles e Diana não era a única questão. A pouca idade da noiva já sinalizava o perigo. Quanto mais jovem uma mulher se casa, tanto mais instável é seu matrimônio e tanto maior a probabilidade de ele terminar em divórcio. A razão para isso poderia estar no fato de que a experiência de vida da mulher e seu conhecimento sobre o amor crescerão com rapidez nos anos seguintes.

Sociólogos concluem que, entre vinte e trinta anos, vale a seguinte regra: a cada ano de vida da mulher, a probabilidade de divórcio diminui 7%. A princípio, não parece muito, mas com o passar do tempo a soma se torna enorme. Portanto, uma mulher de trinta anos que aceita se casar tem uma probabilidade 70% menor do que uma de vinte de, em algum momento, se ver diante do juiz pedindo o divórcio.

A escolha do parceiro é amplamente contestada pela mulher (▶ Equívoco nº 29: O homem é o caçador, e a mulher, a caça). Você acha que no homem a idade mais avançada leva a um índice de divórcio bem menor? Em outras palavras: será que os homens entre vinte e trinta anos aprendem muito mais sobre o amor? Infelizmente, não. Aprendem pouco ou nada com seus fracassos no amor. Já com as mulheres se dá o contrário. Com a idade, escolhem melhor. Optam por um homem que combine mais com elas – e com ele se sentem felizes.

Talvez você queira saber de um exemplo positivo, um exemplo de duas pessoas que combinem à perfeição? Pois bem, aqui vai ele: príncipe Charles e Camilla Parker-Bowles. Ambos têm tudo a ver um com o outro. E isso por uma série de razões, que convergem para uma ideia central, no princípio da escolha por similaridade. Os relacionamentos são mais estáveis quando os envolvidos são semelhantes em muitos pontos.

É o que de fato acontece com Charles e Camilla. Ambos têm quase a mesma idade. São separados e têm dois filhos adultos. Decisões e destinos semelhantes também unem os parceiros. Ambos têm o mesmo humor negro inglês. De resto, são primogênitos. Por fim, outro ponto muito importante para um relacionamento: ambos têm aparência semelhante. Inúmeros estudos comprovam de modo incontestável que as relações funcionam por mais tempo quando se baseiam no princípio da *escolha por similaridade*. Essa também é a razão pela qual mesmo pessoas complicadas conseguem viver por muitos anos em relações estáveis: encontraram o parceiro que combina com elas.

MODELO DA ESCOLHA POR SIMILARIDADE

Se acreditarmos nas pesquisas científicas, a maioria das pessoas que busca um parceiro segue o princípio da escolha por similaridade. Escolhe alguém com aparência, nível de formação, classe social e *convicções semelhantes*. Vale notar que o último ponto chega a desempenhar um papel muito importante na escolha do parceiro. Pelo menos, sobre esse resultado, foi realizado um estudo na Universidade de Iowa. Contudo, justamente isso não o ajudará na busca pelo parceiro! Ao contrário das coincidências quanto a origem, atração ou formação, convicções semelhantes não levam necessariamente a uma grande satisfação no relacionamento. Nesse estudo, casais com opiniões diferentes também se mostraram felizes. Em contrapartida, decisivo para a felicidade no relacionamento é saber se os parceiros coincidem em *importantes características da personalidade*. Mas por que a personalidade ou o caráter do outro tem um papel tão subestimado na escolha do parceiro? Supõe-se que, na busca pelo parceiro, seja mais fácil perceber as opiniões dele. Em geral, após um ou dois encontros, já é possível constatar se alguém coloca seus méritos acima de todos os outros valores ou rejeita o casamento homossexual. Por outro lado, é muito mais difícil reconhecer características da personalidade do que conceitos de valor. Em última instância, a atenção deve se voltar para o seguinte: no fundo, escolher um parceiro é *escolher outro caráter*, com o qual teremos de nos entender por um bom tempo.

Príncipe Charles e Lady Diana tinham caracteres muito, muito diferentes. Em retrospectiva, é fácil reconhecer isso. Com os anos, também diminuiu visivelmente a necessidade do público de atribuir a um dos dois a culpa pelo fracasso no amor. Há vinte anos, ainda era quase um consenso que Diana era a bondosa, e Charles, o malvado: incapaz de amar, mimado, estragado pela família real. Porém, hoje se sabe que Charles é perfeitamente capaz de conduzir um bom casamento, pois, ao longo desse tempo, optou por uma mulher bem parecida com ele. Charles e Camilla nunca serão promovidos a casal perfeito, aquele que faz os olhos das pessoas brilhar. É mesmo uma pena. Mereciam. E todos nós voltaríamos a ser um pouco mais realistas em matéria de amor. Mal não faria.

EQUÍVOCO Nº 36:

"MULHERES BONITAS TÊM MAIS CHANCES DE ENCONTRAR UM PARCEIRO."

Por que mulheres com boa aparência costumam ter problemas na busca por um parceiro

Hoje à tarde Barbara tem um encontro com um homem bem interessante, que conheceu em um *vernissage*. Ele lhe pediu o número de seu telefone e ligou para ela dois dias depois. Marcaram de tomar um café. Barbara o acha muito bonito. Ele é alto e tem cabelos escuros – exatamente o seu tipo. E se interessa muito por cultura, o que combina à perfeição com seus ideais. Por isso, hoje está um pouco nervosa. Não quer de jeito nenhum estragar as coisas! Então, para em dúvida na frente do espelho. Qual vestido é o correto? Quais sapatos, qual maquiagem? Será que deve mudar o penteado na última hora? Perguntas e mais perguntas – e ninguém para poder ajudá-la.

Talvez não devêssemos começar com Barbara este nosso capítulo sobre a função desempenhada pela beleza feminina na busca pelo parceiro, e sim com a famosa história em que um pomo de ouro tem o papel principal. Essa história é muito remota e se passa na Grécia antiga: certo dia, Éris, deusa da discórdia, aparece em um banquete para o qual obviamente não foi convidada. Os deuses gregos preferiam festejar com descontração a ver sua alegria acabar por causa da implicante deusa. Para se vingar, ela provoca um verdadeiro escândalo: lança um pomo de ouro com a inscrição "para a mais bela" entre as divindades femininas ali reunidas.

Que chateação isso não causa! De imediato, três das deusas presentes se convencem de que são as únicas a ter direito a esse presente: Atena, deusa da sabedoria e protetora de Atenas. Depois, é claro, Afrodite, deusa do amor e da beleza. E, por fim, Hera, esposa de Zeus, deus absoluto. A qual das três caberia, afinal, o pomo de ouro? Por boas razões, Zeus mantém-se fora da disputa, que se agrava e acaba conduzindo à Guerra de Troia – que, por sua vez, inicia-se em razão de uma beldade feminina, Helena, considerada a mulher mais bela de sua época, ou melhor, a mais bela mortal.

No que se refere à beleza feminina e ao sucesso na busca pelo parceiro, os contos de fadas e as sagas falam sobretudo de uma coisa: *a beleza é um trunfo*. Nos contos de fadas, a bela princesa tem inúmeros admiradores. Pode escolher, graças à sua boa aparência. Desde os tempos dos antigos até hoje, não mudou muita coisa na ênfase dada à beleza feminina. Se formos pelas revistas femininas, é sobretudo a aparência da mulher a decidir seu destino no mercado da busca por um parceiro: seja através do penteado da última moda, seja graças ao programa supereficaz para tratar da barriga, das pernas e do bumbum, ou aos banhos de leitelho para uma pele irresistivelmente lisa. Segundo a indústria de cosméticos, para o sucesso no amor, além de um perfume de arrasar, pernas e axilas depiladas com cuidado, um eventual *peeling* no corpo inteiro, luzes nos cabelos, pele tratada com loção corporal, unhas artificiais com *glitter*, batom e pó compacto, na verdade as mulheres precisam apenas de uma depilação íntima atraente. Espero não ter me esquecido de nada.

Se formos pela *pesquisa em beleza*, então, as pessoas reais não têm a menor chance de serem consideradas atraentes. Em geral, as chamadas fotos metamorfoseadas, produzidas por computador, fazem enorme sucesso nos laboratórios dos pesquisadores. Nessas imagens, encontramos "pessoas" muito mais bonitas do que nas de pessoas reais. Transpor esse fato para a escolha de um parceiro faz tanto sentido quanto apresentar ao público masculino fotos de carros dos sonhos, um mais caro do que o outro, e com base em sua reação deduzir que, em um futuro próximo, carros populares e de classe média se tornarão totalmente invendáveis. O comportamento real na compra de um automóvel segue outras regras. A escolha de um parceiro também.

A BELEZA É UM TRUNFO?

Como terapeuta, quanto mais tempo acompanho solteiros em sua busca, tanto mais tenho esta certeza: a importância da aparência na busca pelo parceiro é dramaticamente sobrestimada. A indústria de cosméticos tem os próprios interesses. Afinal, só quer vender! Martela-nos com publicidade na televisão e nas revistas, tentando nos convencer de que apenas a atratividade externa de uma mulher conta para garantir o sucesso com os homens. Mas a verdade é que todos os esforços para o embelezamento externo são inúteis. Luzes nos cabelos e *peelings* nada ajudam no amor;

só enchem os caixas das empresas que os recomendam, pois beleza não é, de modo algum, um trunfo na busca pelo parceiro.

Na terapia com solteiros, vejo a grande pressão que pesa sobre as mulheres. Cerca de 90% delas se fazem a temida pergunta: sou bonita? Muitas se habituaram intimamente à ideia de serem sem graça ou um patinho feio. Essa constatação afeta mulheres de todas as idades. Afeta tanto as que são bonitas de modo mediano quanto as que, sem nenhuma dúvida, têm um fascínio acima da média. Em todas as camadas instruídas e faixas etárias, vê-se quase sempre o mesmo quadro: (em primeiro lugar) as mulheres tendem, de forma equivocada, a atribuir seu sucesso na busca pelo parceiro à própria aparência. E (em segundo lugar) a maior parte delas tende a avaliar a própria aparência como insatisfatória. Os contos de fadas e as sagas do passado ainda estão vivos em nossa cultura. Mas como é a realidade? Que influência tem, de fato, uma aparência mediana na escolha do parceiro?

Antes de nos ocuparmos da beleza, acho importante pensarmos que ela é percebida, sobretudo, de maneira subjetiva – em especial quando se trata de um ser humano. "Na verdade, belo é tudo o que se observa com amor", escreveu certa vez o poeta Christian Morgenstern. De fato, a beleza está nos olhos do observador, tanto no sentido positivo quanto no negativo. Assim, nada impede que um candidato que tenha superado sem dificuldade o controle visual perca sua atratividade e seja riscado da lista sem nenhuma cerimônia, após alguns minutos de conversa.

As mulheres tendem mais do que os homens a dar uma chance a um parceiro que a princípio não acharam atraente. Encontram-se com ele uma segunda e uma terceira vez, por exemplo, porque acham seu modo de ser interessante e sedutor. Muitas vezes, sua percepção muda e passam a achá-lo atraente. Quero aqui agradecer a todas as mulheres que conseguem ter essa paciência! Desse modo, permitiram que belas relações pudessem acontecer.

CADA QUAL COM SEU IGUAL

Vale acrescentar que, em geral, as pessoas escolhem parceiros com aparência semelhante à delas. Essa lei é bem comprovada por estudos científicos (▶ Equívoco nº 35: Se você amar a si mesmo, pouco importa com quem irá se casar). Portanto, homens muito bonitos atraem mulheres muito bonitas. Mulheres com aparência mediana buscam parceiros com aparência igualmente mediana. E pessoas não muito bonitas também encontram seus pares.

As consequências da regra "cada qual com seu igual" são sérias para a busca pelo parceiro. Como a maioria das pessoas tem uma aparência mediana, na escolha do parceiro acabam tendo mais facilidade do que as muito bonitas ou as que têm uma beleza abaixo da média, pelo simples fato de estarem em maior número, o que aumenta suas chances.

Por conseguinte, a mulher muito bonita tem mais dificuldade para encontrar um parceiro. Raras vezes encontra um homem tão bonito quanto ela, pois, na natureza, são poucos os existentes. Seus problemas na busca pelo parceiro são ainda maiores porque quase sempre, no passado, atraía muitos pretendentes. Mas infelizmente os errados, que não estavam interessados em sua capacidade intelectual ("Como ela é inteligente!") nem em sua essência ("Será que ela combina comigo?"), mas apenas se sentiam atraídos por sua boa aparência ("Nossa, como ela é bonita!"). E então tentava construir um relacionamento sólido com um desses homens que estava absolutamente entusiasmado com sua beleza. Uma difícil empreitada. Portanto, é bem provável que a mulher bonita acima da média se depare com homens bastante superficiais e tenha fracassos sucessivos no amor.

Além disso, na busca pelo parceiro, mulheres muito bonitas também levam fora com relativa frequência, justamente *por conta de* sua beleza. Já conversei com muitos homens sobre esse assunto. O julgamento deles é unânime: quase nenhum consegue imaginar ficar ao lado de uma mulher que sentem como superior a eles em termos de aparência. Portanto, de certa forma, esses homens agem segundo o provérbio "que o sapateiro não vá além do sapato". Porque os homens pensam assim, a mulher com beleza acima da média também não costuma receber propostas assíduas. A maioria deles passa longe, pois quer sentir-se igual a elas, e não inferior.

O FASCÍNIO CONTA...

A busca pelo parceiro não é uma competição de beleza. Ninguém julga a mera aparência, tal como ocorre nos laboratórios de pesquisa. Ao encontrarmos alguém real, acontece algo totalmente diferente daquilo que sentimos quando temos de avaliar, com base em fotografias, a beleza de gente desconhecida. No encontro pessoal, pessoas bonitas podem parecer monótonas e apáticas. Outras, ao contrário, emanam vontade e alegria de viver. No encontro direto entre duas pessoas, é o fascínio total do outro que conta. Esse fascínio surge através da mímica, dos gestos, da voz, da postura, ou seja, através *daquilo* que alguém conta e – o que costuma ser mais importante – *como* o conta. Por meio do fascínio, sondamos a atratividade interna de uma pessoa. Sua aparência é apenas um entre diversos aspectos.

Por sua vez, isso tem consequências para a busca de um parceiro. No fundo, o fascínio de uma pessoa depende de sua satisfação com a própria vida. No caso do encontro de Barbara, as consequências são sérias. Muito mais importante do que seu vestido ou penteado, por exemplo, é se ela está satisfeita com sua vida. Se gosta de ir ao trabalho. Se tem boas amigas. Se irradia uma satisfação substancial. Mesmo que grande parte dos homens não tenha tantos critérios quando sai em busca de uma parceira, a maioria vai sentir se Barbara é uma mulher satisfeita ou não. Satisfação, paz interior e tranquilidade são verdadeiros trunfos na busca por um parceiro. O mesmo vale para as mulheres. Não há dúvida de que também prestam atenção na atratividade externa de um homem. Mas, por fim, não deixam de ter uma impressão geral acerca da satisfação do outro com sua vida.

Como o fascínio de Barbara é o que conta, não será indiferente se aparecer cansada ou talvez até resfriada ao encontro. Se estiver de bom humor (e o pretendente também), então as chances de se apaixonar serão bem elevadas.

... E A DIMENSÃO DO CORPO?

Se de maneira geral vale a regra da escolha por similaridade, no que se refere à dimensão do corpo, a história é outra. A maioria das pessoas acha que, em um casal, o homem deve ser mais alto do que a mulher. Nesse quesito, tanto os homens quanto as mulheres acabam favorecendo a *escolha hierárquica*.

Essa regra tem consequências para ambos, mas são poucos os homens e as mulheres que as sofrem. Dificulta em muito para homens baixos a busca de uma parceira, pois são poucas as mulheres de baixa estatura que eles podem cogitar. E encontrá-las não é fácil. E dificulta a busca para mulheres altas, pois são poucos os homens mais altos do que elas. Encontrá-los também dá trabalho.

Por isso, homens baixos e mulheres altas precisam contar com o fato de que terão de gastar mais tempo e se empenhar mais em encontrar um parceiro ou uma parceira. Contudo, mulheres altas podem facilitar a própria vida se conseguirem desistir da ideia de encontrar um homem bem mais alto e derem uma chance a outro com a mesma altura delas. Essa simples escolha já faz as opções aumentarem. O mesmo vale para homens baixos. Se também incluírem mulheres de estatura semelhante em sua busca, logo terão uma opção consideravelmente maior.

Mulheres altas têm dificuldade em encontrar um parceiro. As bonitas também. Nada mais natural do que querer saber como se dá a busca pelo parceiro no caso de mulheres altas *e* bonitas. Já dá para imaginar a resposta. Ambas as coisas juntas complicam em muito a busca. É claro que a mulher com beleza mediana não passa por todas essas dificuldades para encontrar um homem mais ou menos adequado. Encontra com mais facilidade alguém que, em aparência, combine com ela. E posso até lhes dar o nome de uma mulher que corresponde com exatidão a essa descrição do início do parágrafo. Tem 1,72 metro e é muito bonita. Você já a conhece. Seu nome é Barbara.

EQUÍVOCO Nº 37:

"É MAIS FÁCIL UMA MULHER ACIMA DE 40 ANOS ENCONTRAR UM TIGRE DO QUE UM HOMEM."

Por que qualquer mulher, em qualquer idade, pode encontrar o parceiro adequado

Como podem ser maldosos alguns mitos e equívocos sobre o amor! As mulheres, em particular, estão longe de receber neles um bom tratamento. Sobretudo neste equívoco: por que uma mulher acima de 40 anos já não teria nenhuma chance de encontrar um parceiro adequado? Por acaso os homens acima de 40 não ficam sozinhos – ou será que são todos teletransportados a outro planeta?

É claro que não é esse o caso! Em primeiro lugar, há uma razão muito decisiva para uma mulher acima de 40 ter até boas oportunidades em sua procura: hoje em dia, para a busca de um parceiro, o período de constituir uma família – entre 30 e 40 anos – é o mais difícil. É nessa idade que nos perguntamos: quero "apenas" um relacionamento ou constituir uma família com o parceiro? Pelo que sempre vejo nas sessões de terapia, se a questão incluir o tema "filhos", aí sim a busca se torna mais difícil.

Muitas mulheres sentem verdadeiro pavor de ficar sozinhas assim que completam 40 anos. Esse nervosismo é compreensível, pois, se o parceiro adequado não aparecer logo, talvez já não possam realizar seu desejo de constituir uma família e ter um, dois ou três filhos. Para os homens essa pressão não é tão grande; podem muito bem esperar os 45 ou 50 anos para se tornarem pais – pelo menos em teoria. Contudo, a disponibilidade para dar esse passo se reduz bastante quando passam dos 40.

Desejar ter um filho é algo bastante legítimo. Porém, o problema é que, quando os homens percebem que a mulher tem um desejo *urgente* de ser mãe, em geral batem em retirada. Temem que ela os veja como um meio para atingir seu fim. E, acima de tudo, querem ser escolhidos como parceiros, não como pais de filhos planejados.

A partir dos 40, para a maioria das pessoas, está encerrada a questão de constituir uma família – e isso alivia em grande medida a busca pelo parceiro.

É MAIS FÁCIL UM HOMEM ACIMA DE 40 ANOS ENCONTRAR UM TIGRE DO QUE UMA MULHER

Comparado com a década anterior, o período após os 40 anos é mais tranquilo. Nessa idade, é natural que muitos homens e mulheres já tenham passado por relacionamentos longos. Talvez tenham filhos que vivam ou fiquem com eles a cada dois finais de semana. Costumam ser cuidadosos quando se envolvem em uma nova relação afetiva. Perguntam-se o que devem considerar no próximo relacionamento ou casamento e, em geral, encontram as soluções adequadas.

É mais fácil uma mulher acima de *40 anos encontrar um tigre do que um homem* – esse equívoco no amor também contém um grãozinho de verdade. De fato, para quem tem mais de 40, é menor a probabilidade de encontrar um solteiro do outro sexo. Contudo, isso vale tanto para os homens quanto para as mulheres. Portanto, a sentença com o tigre também pode ser aplicada aos homens acima de 40. É mais fácil um homem acima de *40 anos encontrar um tigre do que uma mulher.*

Isso porque, nessa idade, a maioria das pessoas está comprometida. Aos 30 anos, o número de solteiros já é pequeno (▶ Equívoco nº 30: O número de solteiros cresce sem parar). Até cerca de 55 anos, ele permanece muito baixo; somente depois é que volta a crescer, em parte por causa das separações, mas em parte também por causa da viuvez. Após a morte do parceiro, muitas pessoas ficam sozinhas por mais tempo, e isso eleva o número de solteiros na faixa etária a partir dos 55 anos.

Desse modo, tanto os homens quanto as mulheres entre 40 e 55 anos têm o mesmo problema: a falta de solteiros que possam se tornar seus parceiros. Para encontrá-los, criaram-se os portais de relacionamento na internet, que permitem a solteiros de meia-idade também ter uma boa chance de marcar um encontro e se apaixonar. E quem não encontra ou não quer buscar na internet vai a excursões ou visitas guiadas em museus só para solteiros, *speed datings* ou festas de casamento, onde os casais costumam se conhecer. Ou, então, simplesmente espera.

O QUE TORNA A BUSCA MAIS DIFÍCIL PARA MULHERES ACIMA DE 40?

Afinal, por que as mulheres acima de 40 anos têm tanta dificuldade em sua busca? A principal suspeita para essa hipótese é a atratividade externa (▶ Equívoco nº 36: Mulheres bonitas têm mais chances de encontrar um parceiro). *Apenas a mulher mais bonita consegue um homem – e apenas a mais jovem.* Os homens não precisam viver com essas maldades. Cabelos grisalhos os enobrecem, mas requerem todo empenho junto a uma mulher.

Infelizmente, o fato de mulheres acima de 40 não terem boas perspectivas de sucesso na busca de um parceiro também é a firme convicção de muitas nessa faixa etária. Nas sessões de terapia e nos meus *workshops* para solteiros, costumo até ouvir delas que uma mulher acima de 40 não tem vez.

Fico surpreso com isso. Como é possível que todas essas mulheres pensem que existe uma intensa demanda por mulheres entre 20 e 30 anos e por aquelas que já chegaram aos 30, mas que depois seria o fim da linha? Como terapeuta, sei muito bem que essa visão é falsa. Dia após dia vejo tanto homens quanto mulheres de todas as faixas etárias procurando – e encontrando – o parceiro de sua vida. Dos 20 aos 70 anos.

É mais fácil uma mulher acima de *40 anos encontrar um tigre do que um homem* – essa sentença parece uma profecia que se autorrealiza. Se acreditar nela, a mulher partirá para sua busca com menos resolução, menos confiança e menos entusiasmo. No entanto, quem parte para a busca precisa de determinação interna para de fato iniciá-la. Precisa da confiança de que a próxima relação será melhor do que a anterior. E precisa de entusiasmo para permitir que seus planos também se tornem realidade.

O que desencadeia o pessimismo das mulheres acima de 40? Talvez seja o caso de analisarmos um exemplo concreto para entendermos melhor quais são as causas. Vejamos o que acontece com Marina, de 45 anos, em sua busca por um parceiro. Você já conhece Marina do início do livro (▶ Equívoco nº 1: Os homens só pensam naquilo). Teve de lidar com o fato de que seu marido já não queria fazer sexo com ela. A triste história de Marina, de uma vida sem sexo, sem abraços, sem beijos nem carícias ajudou este livro a encontrar seu título – uma boa razão para observar o que aconteceu com ela em seguida.

Após anos oscilando entre esperança e resignação, Marina acabou optando pela separação. Não havia nenhuma alternativa razoável para ela. O ser humano não foi feito para viver sem sexualidade, sem abraços nem carícias. E ela nunca conseguiu descobrir por que seu parceiro deixou de se dedicar a ela. Nem tinha como, pois ele se recusava a qualquer conversa e terapia.

Após quinze anos de relacionamento e dois anos sozinha, agora Marina está pronta para a próxima relação. Está à procura de um novo parceiro. Depois de todos esses anos, o mundo da busca tornou-se estranho para ela. Da última vez que ficou sozinha, a internet já existia. Porém, buscar um parceiro na rede era algo que ainda não se fazia. Marina não sabe como usá-la para esse fim. Portanto, buscar um parceiro não é tarefa fácil para ela. E as razões são múltiplas:

- *Poucas oportunidades:* como a maioria das pessoas da sua idade já está comprometida, dificilmente Marina encontrará um homem solteiro em seu cotidiano. Ao contrário de sua última busca, aos 28 anos, agora ela sofre com a grande falta de oportunidade de conhecer alguém.

- *Pouca demanda:* mulheres nessa idade são muito pouco requisitadas quando partem para a busca na internet. Entre os 30 e os 40 anos, há mais homens do que mulheres à procura de um parceiro. Isso torna a busca para mulheres nessa faixa etária bastante confortável. Podem se recostar na cadeira e aguardar. A partir dos 40 anos, porém, a situação é diferente: há o mesmo número de mulheres e homens na internet. Assim, as mulheres precisam ser mais ativas se quiserem marcar um encontro.

- *Pouca ressonância:* de dez mensagens que envia, Marina recebe apenas uma resposta. Isso é absolutamente normal e também acontece com os homens. Contudo, esse tipo de experiência pode ser frustrante, sobretudo se no passado a mulher recebeu muitas propostas ou se está muito insatisfeita com o fato de ter de se empenhar ativamente na busca por um parceiro adequado.

- *Muitas mensagens de homens mais velhos:* por que uma mulher de 45 anos não para de receber mensagens de homens vinte anos mais velhos? Será que todos os homens querem uma mulher mais jovem? Não, nada disso. São pouquíssimos os homens que procuram uma mulher muito mais jovem. A maioria prefere seguir a velha e conhecida regra "cada qual com seu igual". Quem pertence à mesma faixa etária se embalou ao som da mesma música na juventude – e isso une as pessoas. Passou a infância em uma época semelhante – isso também une. E também acumulou muita experiência de vida. Então, por que Marina recebe, todos os dias, mensagens de homens que não pertencem à sua faixa etária? Muito simples: porque um homem que busca uma mulher vinte anos mais jovem precisa escrever para pelo menos *cem* para receber uma resposta. Para marcar um encontro, então, nem se fale. Para tanto, tem de escrever a mais algumas.

- *Exigências maiores:* Marina já não tem 28 anos, mas 45. A idade também traz amadurecimento. Hoje ela tem concepções muito mais concretas de um parceiro. Ainda bem! Para o futuro, decidiu reparar se o próximo homem será capaz de falar dos próprios sentimentos. Não quer outro "caladão" a seu lado, que se retraia emocionalmente e não lhe dê a oportunidade de manter a relação. Quer um homem capaz de falar de si mesmo e de seus sentimentos e que esteja habituado a viver em família. Seria exigir demais? Não, não seria. Não obstante, há consequências. Como as exigências de Marina são mais rigorosas do que antes, não será tão fácil encontrar o parceiro adequado como foi antigamente. Em sua busca, terá de desconsiderar muitos homens por não serem adequados a ela. Por isso, sua busca vai demorar um pouco mais.

Portanto, Marina aprendeu alguma coisa com seu fracasso no amor – assim como o faz a maioria das pessoas. E, por aprenderem coisas novas ao longo da vida, podem aguardar com ansiedade o próximo relacionamento, pois, segundo todas as previsões, ele será melhor do que o anterior.

SE QUISER IR LONGE, VÁ ACOMPANHADO

Há uma série de razões para a busca de um parceiro aos 45 anos demorar mais do que dez ou quinze anos antes. Mas uma coisa é certa: se Marina continuar procurando de maneira coerente, vai encontrar o homem adequado. Porque é ativa. Porque não desiste. E há outra razão para ela encontrar um parceiro: recebeu apoio. Em um *workshop*, ficou conhecendo uma simpática mulher da mesma idade, que também está à procura de um par. Um casamento segundo o lema "mais do mesmo" não é cogitado pelas duas. Marina e sua nova amiga se encontram com regularidade e se apoiam na busca por um parceiro. Animam-se e encorajam-se mutuamente. Ambas agem segundo um belo provérbio africano: "Se quiser ir rápido, vá sozinho. Se quiser ir longe, vá acompanhado". Muito sucesso em sua busca, Marina!

POSFÁCIO

- Entre os seres humanos, é raro o sexo servir para a procriação. A natureza quis assim. Serve, antes, para unir duas pessoas. É por isso que o praticam com tanta frequência e o consideram importante do ponto de vista emocional.
- Na busca por uma parceira, em geral os homens dão o segundo passo.
- As mulheres dão mais o fora nos homens do que o contrário, pois são mais seletivas – felizmente. Assim, poupam os homens e a si mesmas de muitas uniões inadequadas.
- Mesmo após anos e décadas de relacionamento, o sexo pode ser frequente e excitante – se estivermos prontos a agir de maneira adequada para que assim aconteça.
- Lingeries e jantares à luz de velas não apimentam a sexualidade do casal por muito tempo. Já intimidade na conversa e na dedicação cotidiana ao parceiro, sim.

- Por si só, o amor não dura muito tempo. Mesmo o mais belo de todos não sobrevive sozinho; precisamos preservá-lo, cultivá-lo e renová-lo, estando sempre presentes para o outro.

Estas são algumas verdades decisivas sobre o amor, das quais tratamos neste livro. São verdades que, ao longo do tempo, todos poderemos conhecer se quisermos. Porém, justamente em relação ao fato de *querer conhecer*, a situação de nossa cultura não é das melhores. Sim, existem filmes realistas como *Um Divã para Dois*, com a atriz Meryl Streep e o ator Tommy Lee Jones no papel de um casal que há anos já não tem sexo e busca o auxílio de um terapeuta. Há os livros do escritor inglês Nick Hornby, que em seus divertidos romances se sai muito bem sem os clichês de amor romântico. No entanto, esses filmes e livros são uma grande exceção. É mesmo uma pena para o amor real.

Há mulheres que costumam ser racionais no amor, para o bem do relacionamento. Esta é outra descoberta importante da pesquisa, corroborada pelas experiências de terapeutas nas últimas décadas. Está na hora de as mulheres receberem o reconhecimento que merecem.

POR QUE O AMOR NOS DÁ UM SENSO DE PERTENCIMENTO

O amor é o que nos sustenta na atualidade. Tal como o conhecemos, tem uma história bastante curta. O pensamento patriarcal e a extrema estigmatização do divórcio deixaram pouco espaço para o amor livre e igualitário até os anos 1970. Já se passaram desde então quarenta anos.

Quarenta anos são apenas um breve momento na longa história que o ser humano já percorreu em sua evolução. O amor dos caçadores e coletores era diferente do nosso. Tal como foi vivido nos últimos 10 mil anos, o amor foi influenciado pela agricultura. Todas as sociedades que dela viveram desenvolveram regras rígidas sobre o divórcio – afinal, como repartir a terra e a casa? Os homens tinham – e ainda têm – a última palavra. Apenas com a industrialização preparou-se o terreno para um novo amor – um amor que é filho legítimo da liberdade. Nenhum de nós quer ficar sem ele.

Volta e meia *o fim do amor* é anunciado pelos sociólogos. Segundo diagnosticam, a sociedade vem se tornando cada vez mais individualista e descompromissada. A disponibilidade para se envolver em uma ligação está diminuindo. A internet transforma os relacionamentos em um mercado e, assim, altera o comportamento de ligação entre as pessoas, queixa-se a socióloga israelense Eva Illouz.

Mas será que tudo isso é verdade? Será que hoje as pessoas evitam o amor? Estariam de fato deixando de atribuir importância a uma relação estável e feliz para prestigiar outros valores, como bom salário, amizades ou carreira?

Na realidade, não há indícios de que o amor esteja no fim. Seja na terapia de solteiros, seja na de casais, por toda parte tenho experiências bem diferentes. Dificilmente um tema ocupa tanto as pessoas, que costumam fazer perguntas como as seguintes:

- Como posso encontrar um parceiro ou uma parceira?
- O que posso fazer para que meu amor permaneça estável por um bom tempo?

Os estudos também sempre chegam ao seguinte resultado: hoje, para a maioria das pessoas, o amor, um relacionamento ou uma família chegam a ter mais valor do que antigamente. E isso não é um milagre. Quanto mais individualista se torna a sociedade, quanto mais vagos forem os papéis que preenchemos nela, tanto mais importante será o amor como uma constante em nossa vida. O amor nos provê de reconhecimento e aprovação – duas coisas das quais dependemos em grande medida em uma sociedade moderna e aberta.

O AMOR COMO FILHO DA LIBERDADE

Por quarenta anos, a experiência com nossa forma moderna de amor igualitário foi acompanhada pela pesquisa sobre os processos no relacionamento. O que faz o amor durar? O que o desgasta? Os resultados da ciência são impressionantes. Se estivermos prontos para ouvir pesquisadores como o psicólogo John Gottman, a socióloga Terri Orbuch, a terapeuta Michele Weiner Davis ou a incrível terapeuta familiar e especialista em infidelidade Shirley Glass, o amor tem chances ainda maiores no futuro de enriquecer nossa vida e torná-la melhor e mais bela.

Sim, o amor é mesmo um poder sublime. E a sexualidade humana também. Para a maioria das pessoas, ambos estão estreitamente ligados. Para nós, seres humanos, os sentimentos de afeição e aceitação surgem na união de amor e sexualidade.

Quase ninguém exprimiu de maneira tão precisa e comovente nossa necessidade de afeição psíquica e física quanto Bernd Frederich, médico e terapeuta familiar alemão, que infelizmente morreu muito jovem. Eu gostaria de passar a ele a última palavra. Em seu livro *Die Verliebtheitsfalle* [A Armadilha do Enamoramento], uma paciente lhe pergunta quando e como os homens se sentem mais protegidos. Sua resposta: "Quando seu membro repousa na vagina de uma mulher. Eu disse 'repousa'. Não é preciso nenhum contorcionismo exótico e ginástico nem um desempenho digno das Olimpíadas, tampouco megaorgasmos, mas o simples repouso".

COMPLEMENTAÇÕES, FONTES E BIBLIOGRAFIA ADICIONAL

Nas próximas páginas, vou me ocupar das fontes que utilizei para me informar durante a produção deste livro. Você também poderá encontrar em meu website *www.die -liebe-bleibt.de/wieso-frauen* as complementações, as fontes e a bibliografia adicional aqui empregadas.

PARTE I

EQUÍVOCO Nº 1: OS HOMENS SÓ PENSAM NAQUILO.

Em um estudo feito apenas com mulheres, a terapeuta norte-americana Michele Weiner Davis contribuiu de modo decisivo para que se descobrisse qual porcentagem *delas* queria mais sexo do que o parceiro no relacionamento. Ou então em um relacionamento em que *elas* queriam sexo, e eles, não. Os resultados desse estudo encontram-se em seu excelente livro *The Sex-Starved Wife. What to Do When He's Lost Desire* [A Esposa com Fome de Sexo. O Que Fazer Quando Ele Perde o Desejo] (Nova York, Simon & Schuster, 2008).

A conclusões semelhantes também chegou o pesquisador de casais John M. Gottman em seu novo livro *What Makes Love Last. How to Build Trust and Avoid Betrayal* [O Que Faz o Amor Durar. Como Criar Confiança e Evitar a Traição] (Nova York, Simon & Schuster, 2013).

Durante muitos anos, o psicoterapeuta berlinense Wolfgang Krüger registrou quem declina da sexualidade no relacionamento, se os homens ou as mulheres.

EQUÍVOCO Nº 2: O SEXO SERVE PARA A PROCRIAÇÃO.

A maioria das descobertas sobre a sexualidade humana e suas diferenças em comparação com a dos outros primatas, como o gorila, devo a Jared Diamond, biólogo evolucionista, internacionalmente reconhecido, e sobretudo a seus livros *The Third Chimpanzee: The Evolution and Future of the Human Animal* [O Terceiro Chimpanzé: A Evolução e o Futuro do Animal Humano] (Nova York, Harper Collins, 1991) e *Why is Sex Fun? The Evolution of Human Sexuality* [Por Que o Sexo é Divertido? A Evolução da Sexualidade Humana] (Nova York, Basic Books, 1997). Uma leitura que vale muito a pena.

EQUÍVOCO Nº 3: A SEXUALIDADE É UMA PULSÃO.

A citação do terapeuta sexual Christoph Joseph Ahlers foi retirada de uma entrevista na *Zeit-Magazin* (nº 18/2013; *Vom Himmel auf Erden. Wissen wir wirklich alles über Sex?* [Do Céu à Terra. Será que Sabemos Mesmo Tudo sobre Sexo?]). Na internet, você poderá encontrá-la em: *www.zeit.de/2013/18/sexualitaet-therapie-christoph-joseph-ahlers*.

EQUÍVOCO Nº 4: BRINQUEDOS ERÓTICOS E LINGERIES REAQUECEM O EROTISMO.

John Gottman usa o lema "por si só, qualquer casamento piora" para formular as descobertas de seu trabalho de maneira breve e marcante, inclusive em um curso sobre terapia de casais, realizado em maio de 2012, em Graz, do qual participei.

Em seu livro *The Sex-Starved Marriage* [O Casamento com Fome de Sexo] (Nova York, Simon & Schuster, 2003, p. 64), Michele Weiner Davis fala de um "sem-número de razões" para a diminuição e o exaurimento da sexualidade. Obviamente se trata de um exagero. No entanto, tendo em vista a complexidade da sexualidade humana, em geral a busca por *uma* causa não leva muito adiante.

O princípio WYSIATI (*What you see is all there is*) é uma das principais descobertas sobre o modo como as pessoas lidam com suas opiniões e seus posicionamentos. Daniel Kahnemann descreve isso em seu *best-seller Schnelles Denken, Langsames Denken* [Rápido e Devagar – Duas Formas de Pensar] (Siedler Verlag, Munique, 2012). Por seu trabalho científico, o psicólogo recebeu em 2002 o Prêmio Nobel de Economia.

EQUÍVOCO Nº 5: SEMPRE DÁ PARA FAZER SEXO, MESMO SOB ESTRESSE.

A lista dos estudos que comprovam a relação entre a corrida e o aumento na frequência do sexo é infinitamente longa. Natascha Knecht compilou alguns dos mais importantes para o *Schweizer Tagesanzeiger* (*http://blog.tagesanzeiger.ch/outdoor/index.php/ 9558/sex-und-laufen-das-unschlagbare-doppel/*). Entre eles também se encontra um estudo da Universidade de San Diego, para o qual os voluntários tinham de iniciar um treino moderado de corrida (quatro vezes por semana). De acordo com os dados, após nove meses, os voluntários passaram a fazer sexo com uma frequência 30% maior do que antes.

Em seu livro *The Science of Yoga. Was es verspricht – und was es kann* [A Moderna Ciência do Yoga – Os Riscos e as Recompensas] (Verlag Herder, Freiburg, 2013), William J. Broad apresenta de maneira abrangente os efeitos dessa prática.

EQUÍVOCO Nº 6: QUANDO UM PARCEIRO QUER MAIS SEXO DO QUE O OUTRO, NÃO HÁ O QUE FAZER.

A fórmula de John Gottman para o desejo desigual na relação de um casal e suas consequências encontra-se em seu mais recente livro *What Makes Love Last. How to Build Trust and Avoid Betrayal* [O Que Faz o Amor Durar. Como Construir a Confiança e Evitar a Traição] (Nova York, Simon & Schuster, 2013, p. 269).

EQUÍVOCO Nº 7: AS PRINCIPAIS CAUSAS DOS PROBLEMAS DE EREÇÃO SÃO FÍSICAS.

Outra razão para os problemas de ereção também pode ser a maneira como os homens lidam com seu corpo na sexualidade. Por isso, em seu consultório, Ann-Marlene Henning, reconhecida especialista em sexo e autora do *best-seller Make Love* [Faça Amor] (Berlim, Rogner & Bernhard, 2012), aposta em exercícios corporais que ajudam a reduzir os problemas de ereção. Ela também enfatiza a grande importância que nossos pensamentos desempenham durante o sexo.

A sexualidade do ser humano e a ereção do homem dependem de uma interação entre psique e corpo. Ao se considerar o problema, a segunda parte, que é o corpo, não pode ser negligenciada. Às vezes, só o fato de aperfeiçoar a constituição física já ajuda a reduzir os problemas de ereção. Estudos comprovam que as dificuldades de ereção diminuem com a prática regular de corrida.

Quanto ao lado psíquico do problema, a sul-africana Diana Richardson (*The Heart of Tantric Sex* [O Cerne do Sexo Tântrico]. Alresford, O-Books, 2003) formula seu conceito de *slow sex*. A sexualidade não pressupõe a ereção masculina. Também pode ocorrer sem ela. Desse modo, Richardson pretende reduzir a pressão que costuma pesar sobre os homens, justamente em razão de preconceitos como "o homem sempre consegue!", e aguçar o olhar para *como* a sexualidade pode ser.

EQUÍVOCO Nº 9: COM SEXO NÃO SE RESOLVE NENHUM PROBLEMA.

A tentativa de comparar casais com nível de oxitocina elevado de modo artificial a outros com nível baixo do mesmo hormônio já foi realizada inúmeras vezes. A psicóloga Beate Ditzen também conduziu esse tipo de estudo na Universidade de Zurique (*Psychologie heute* [Psicologia Hoje], 12/2008; *http://www.psychologie-heute.de/ archiv/detailansicht/news/oxytocin_gegen_den_beziehungsstress/*).

Segundo a descoberta do doutor David Weeks, pesquisador britânico e neuropsicólogo clínico no Royal Edinburgh Hospital (*The British Psychological Society: The benefits of sexual activity in later life* [Sociedade Britânica de Psicologia: Os Benefícios da Atividade Sexual na Vida Madura], *http://www.bps.org.uk/news/benefits-sexual-activity-later-life*), a prática frequente de sexo faz as pessoas parecerem mais jovens. Sempre achei que a sexualidade fosse capaz de produzir muitos resultados positivos. Mas os resultados desse estudo me surpreenderam. Para sua pesquisa, o britânico dividiu indivíduos entre 40 e 50 anos em dois grupos. Em um deles havia pessoas que pareciam mais jovens do que realmente eram; no segundo grupo, as outras. Em seguida, entre outras coisas, perguntou a todos os participantes sobre a frequência com que *praticavam sexo*. Moral da história: o grupo dos que pareciam mais jovens tinha o *dobro de relações sexuais* em comparação com o dos demais. Sexo três vezes por semana – eis, portanto, o segredo para uma aparência jovem.

EQUÍVOCO Nº 10: UM CASO EXTRACONJUGAL PODE ANIMAR O RELACIONAMENTO.

A melhor combinação de resultados de pesquisas sobre o tema fidelidade e infidelidade encontra-se na obra pioneira *Not Just Friends. Rebuilding Trust and Recovering Your Sanity After Infidelity* [Não Apenas Amigos. Reconstruindo a Confiança e Recuperando a

Sanidade Após a Infidelidade] (Nova York, The Free Press, 2002), da terapeuta familiar norte-americana e professora de Psicologia Shirley Glass. Desde os anos 1970, a autora se ocupa da infidelidade, sendo considerada uma das mais importantes especialistas no tema.

Na Alemanha, há tempos Ragnar Beer, psicólogo de Göttingen, trata do tema fidelidade e infidelidade, tendo já apresentado inúmeros estudos a respeito. Na página *www.theratalk.de*, em inglês, encontram-se informações para interessados, bem como resultados de estudos sobre infidelidade, que funcionam como projeto científico do Instituto de Psicologia da Universidade de Göttingen.

Um dos resultados dessas pesquisas defende a tese de que a infidelidade também prejudica o infiel: em um estudo com 2.600 pessoas infiéis, 80% revelou que preferia ser fiel ao parceiro ou à parceira (*http://www.focus.de/gesundheit/gesundleben/partnerschaft/ krise/untreuen-studie_aid_24627.html*).

EQUÍVOCO Nº 14: OS HOMENS SEMPRE PODEM E QUEREM.

O estudo sobre a relação entre trabalho doméstico e sexo foi conduzido pelo psicólogo Joshua Coleman (*www.drjoshuacoleman.com*) e pelo professor de Sociologia Scott Coltrane (Universidade de Riverside, Califórnia). Sua conclusão: quanto mais trabalho doméstico os homens assumirem, mais deixam as mulheres felizes. Isso também repercutiria no sexo. O estudo foi apresentado na página do "Council of Contemporary Families" (*www.contemporaryfamilies. org*), na internet. Em seu livro *The Lazy Husband. How to Get Men to Do More Parenting and Housework* [O Marido Folgado. Como Fazer com que os Homens Cuidem mais dos Filhos e Ajudem no Serviço Doméstico] (Nova York, St. Martin's Press, 2005), Joshua Coleman também se ocupa dos resultados do estudo.

PARTE II

Ninguém formulou de maneira tão eloquente e implacável a grande irresponsabilidade em nossa cultura no que se refere ao amor como Erich Fromm no primeiro capítulo de seu livro *A Arte de Amar*: pelo sucesso na profissão, nos esforçamos com prazer. Porém, achamos que no amor o sucesso e os bons resultados devem simplesmente acontecer e que o amor deve perdurar também sem nenhum esforço. Fromm critica essa postura. A citação encontra-se em seu livro *Die Kunst des Liebens* (Stuttgart, Deutsche Verlags-Anstalt, 1980, p. 15).

EQUÍVOCO Nº 15: O AMOR É UM FENÔMENO INEXPLICÁVEL.

Ao incrível CD da coleção *Die Kinder-Uni*, intitulado *Warum gibt es Blitz und Donner? Warum sehen Fledermäuse mit den Ohren?* [Por Que Existem Raios e Trovões? Por Que os Morcegos Veem com os Ouvidos?] (Munique, Der Hörverlag, 2005), devo meu conhecimento sobre os morcegos e seu modo de vida.

Bernd Frederich (*Die Verliebtheitsfalle. Warum man immer wieder an den falschen Partner gerät und wie man trotzdem glücklich werden kann* [A Armadilha do Enamoramento. Por Que Sempre Arrumamos o Parceiro Errado e como é Possível Ser Feliz Mesmo Assim], Zurique, Kreuz Verlag, 1998, atualmente disponível apenas em sebos) e Helen Fisher (*Anatomie der Liebe* [Anatomia do Amor], Munique, Droemer Knaur Verlag, 1993, atualmente disponível apenas em sebos) tematizaram a relação entre o amor e a infância humana.

Toda vida é resolução de problemas – Karl Popper apresentou essa visão dos processos da biologia evolutiva em um ensaio no livro de mesmo nome (*Alles Leben ist Problemlösen. Über Erkenntnis, Geschichte und Politik* [Toda Vida é Resolução de Problemas.

Questões sobre Conhecimento, História e Política], Munique, Piper Taschenbuch, 1996).

A diminuição do tempo de vida, provocada por relacionamentos infelizes, foi demonstrada de diversas maneiras. A mortalidade de homens em relações felizes e infelizes foi pesquisada, por exemplo, pela doutora Tara Madhyastha no âmbito de um estudo que acompanhou casais mais velhos durante vinte anos. A mortalidade dos homens em relacionamentos infelizes mostrou-se muito elevada e chegou a 58% ao longo de todo o estudo. No mesmo período, homens em relacionamentos felizes tiveram apenas 23% de probabilidade de morrer. Em seu livro *What Makes Love Last. How to Build Trust and Avoid Betrayal* [O Que Faz o Amor Durar. Como Criar Confiança e Evitar a Traição] (Nova York, Simon & Schuster, 2013), John Gottman fala sobre esses números. Até agora não se pesquisaram de maneira suficiente as razões para a morte precoce dos homens.

EQUÍVOCO Nº 17: HARMONIA É A COISA MAIS IMPORTANTE PARA UM RELACIONAMENTO.

Sobre o estudo de Terri Orbuch, *The Early Years of Marriage* [Os Primeiros Anos de Casamento], foram publicados dois livros. O primeiro, *5 Simple Steps to Take Your Marriage from Good to Great* [Como Melhorar o Casamento em 5 Passos] (Nova York, Delacorte Press, 2009), avalia sobretudo os resultados que se referem à estabilidade dos relacionamentos. Porém, ao longo do estudo, muitos casais também se separaram. Em seguida, Terri Orbuch pesquisou a separação e a reorientação após o divórcio, resumindo-as em seu livro *Finding Love Again: 6 Simple Steps to a New and Happy Relationship* [Reencontrando o Amor: 6 Passos Simples para um Relacionamento Novo e Feliz] (Naperville, Casablanca Pr, 2012).

EQUÍVOCO Nº 18: PARCEIROS QUE FAZEM MUITAS COISAS JUNTOS ACABAM FORTALECENDO SEU RELACIONAMENTO.

Um dos inúmeros resultados das pesquisas de John Gottman é que a conversa sobre o dia constitui a medida mais importante para manter vivo um relacionamento. Foi o que ele apresentou em seu livro *The Seven Principles for Making Marriage Work* [Os Sete Princípios para Fazer o Casamento Funcionar] (Nova York, Three Rivers Press, 1999).

Em seu livro *5 Simple Steps to Take Your Marriage from Good to Great* [Como Melhorar seu Casamento em 5 Passos] (Nova York, Delacorte Press, 2009), Terri Orbuch dedicou um capítulo inteiro à questão de quanto os homens dependem do apoio emocional das mulheres.

EQUÍVOCO Nº 19: SOMENTE QUEM AMA A SI MESMO TAMBÉM CONSEGUE AMAR OS OUTROS.

Ainda hoje vale a pena ler *Die Kunst des Liebens* [A Arte de Amar] (Heyne Verlag, Munique, 2001), de Erich Fromm.

Um agradecimento especial a Berit Brockhausen, psicóloga e colunista que escreve sobre assuntos sentimentais, por sua avaliação sobre a importância do amor-próprio para o sucesso no relacionamento. Em seus livros sobre o tema, dá incríveis sugestões para melhorar a relação (*Du hast Recht und ich meine Ruhe? Effektive Beziehungsstrategien für Konfliktscheue* [Você Tem Razão, e Eu, Minha Paz? Estratégias eficazes para quem quer evitar conflitos na relação], Munique, Südwest Verlag, 2009).

EQUÍVOCO Nº 21: UMA BRIGA É COMO UM TEMPORAL PURIFICANTE.

Nos anos 1970 e 1980 circulavam nas livrarias alemãs alguns livros de Georg R. Bach. Refiro-me aqui à obra *Streiten verbindet*

[O Inimigo Íntimo] (Fischer Verlag, Frankfurt am Main, 1983). O fato de Bach equipar seus casais com porretes de espuma é uma informação que remonta a John Gottman e seu curso de terapia de casais, do qual participei em maio de 2012.

EQUÍVOCO Nº 22: RELACIONAMENTOS FRACASSAM PORQUE OS CASAIS BRIGAM DEMAIS.

Os números que indicam a proporção entre ações positivas e negativas que levam os casais a se separarem foram extraídos do manual de John Gottman e Julie Schwatz-Gottman, intitulado *Level 1: Bridging the Couple Chasm. Gottman Couples Therapy: A Research-Based Approach* [Nível 1: Atravessando o Abismo Conjugal. Terapia de Casal de Gottman: Uma Abordagem Baseada em Pesquisa] (The Gottman Institute, 2000-2012).

EQUÍVOCO Nº 24: EM UM RELACIONAMENTO, OS PROBLEMAS PRECISAM SER RESOLVIDOS.

Segundo as pesquisas de John Gottman, os casais costumam passar 68% do tempo conversando sobre "problemas sem solução" (*Level 1: Bridging the Couple Chasm. Gottman Couples Therapy: A Research-Based Approach* [Nível 1: Atravessando o Abismo Conjugal. Terapia de Casal de Gottman: Uma Abordagem Baseada na Pesquisa], The Gottman Institute, 2000-2012).

EQUÍVOCO Nº 25: EM UM RELACIONAMENTO, DAR E RECEBER PRECISAM ESTAR EM EQUILÍBRIO.

Quem quiser viver um relacionamento feliz terá de dar mais do que receber – essa já era a opinião do grande estudioso austríaco de psicologia profunda Alfred Adler (*Wozu leben wir?* [Para Que

Vivemos?], Frankfurt am Main, Fischer Taschenbuch Verlag, 1979, p. 209), do qual provêm inúmeras suposições e prognósticos sobre o amor, que a pesquisa conseguiu comprovar ao longo de décadas.

Quanto aos problemas de dar e receber no relacionamento, ao longo do tempo foram realizadas várias pesquisas. Uma delas se encontra no atual livro de Adam Grant, *Geben und Nehmen. Erfolgreich sein zum Vorteil aller* [Dar e Receber. Uma Abordagem Revolucionária sobre Sucesso, Generosidade e Influência] (Munique, Droemer Verlag, 2013). Contudo, nem todas as pessoas deixam de perceber os 20% da contribuição do outro para a relação. Trata-se, antes, de um valor médio, que pode variar muito de um relacionamento para outro. No estudo canadense conduzido por Grant, três quartos dos casais foram afetados pelo fenômeno. Na média, a diferença nesse estudo ficou em 27%. Para esse propósito, Adam Grant, professor de Psicologia Organizacional na Wharton Business School (Universidade da Pensilvânia), utiliza o conceito de *discrepância de informação*: "Temos mais acesso a informações sobre nossas próprias contribuições do que sobre as alheias" (p. 133). Outra possibilidade de esclarecer essa diferença entre as próprias colaborações para o relacionamento e aquelas percebidas em relação ao outro é o princípio WYSIATI (*What you see is all there is*), apresentado na página 44 deste livro, do professor de Psicologia e ganhador do Prêmio Nobel Daniel Kahneman (*Schnelles Denken, langsames Denken* [Rápido e Devagar – Duas Formas de Pensar], Siedler Verlag, Munique, 2012). Tendemos a considerar realidade o que percebemos. E, por natureza, percebemos de maneira precisa nossas contribuições para o relacionamento, mas a do outro, apenas em parte. Segundo Kahneman, não o fazemos por mal, mas porque é perfeitamente normal.

EQUÍVOCO Nº 26: MULHERES CULTAS E FINANCEIRAMENTE INDEPENDENTES SE SEPARAM COM MAIOR FREQUÊNCIA.

Já nos anos 1920, Alfred Adler defendia um relacionamento de igual para igual e designava a superioridade masculina como o "principal obstáculo para o casamento" (*Neurosen* [Neuroses], Frankfurt am Main, Fischer Taschenbuch Verlag, 1981, p. 65). Essas premissas não foram comprovadas por Sigmund Freud nem por C. G. Jung, os outros dois fundadores da psicologia profunda.

O estudo australiano mencionado foi conduzido pela doutora Rebecca Kippen (Australian Demographic and Social Research Institute, The Australian National University, Camberra) e intitula--se *What's Love Got to Do with It. Homogamy and Dyadic Approaches to Understanding Marital Instability* [O Que o Amor Tem a Ver com Isso. Homogamia e Abordagens de Casais para Entender a Insta-bilidade Conjugal] (*http://www.melbourneinstitute.com/downloads/ hilda/Bibliography/Working+Discussion+Research_Papers/2010/ Kippen_etal_Whats_Love_Got_to_do_with_it.pdf*).

EQUÍVOCO Nº 27: FILHOS SEGURAM UM RELACIONAMENTO.

Os conceitos *child-centered* e *parent-centered* são adotados pela terapeuta familiar Michele Davis em seus livros *The Sex-Starved Wife. What to Do When He's Lost Desire* [A Esposa com Fome de Sexo. O Que Fazer Quando Ele Perde o Desejo] (Nova York, Simon & Schuster, 2008) e *The Sex-Starved Marriage* [O Casamento com Fome de Sexo] (Nova York, Simon & Schuster, 2003).

EQUÍVOCO Nº 28: UM BOM RELACIONAMENTO REQUER TRABALHO.

Um dos primeiros estudos sobre casais felizes em forma de livro foi publicado em 1996 por Judith Wallerstein e Sandra Blakeslee, e se intitulava *The Good Marriage. How and Why Love Lasts* [O Bom Casamento. Como e Por Que o Amor Dura] (Nova York, Warner Books Edition, 1995). Alguns anos mais tarde, foi publicado na Alemanha *The Seven Principles for Making Marriage Work* [Os Sete Princípios para Fazer o Casamento Funcionar] (Nova York, Three Rivers Press, 1999), de John Gottman, seguido em 2011 por *5 Simple Steps to Take Your Marriage from Good to Great* [Como Melhorar seu Casamento em 5 Passos] (Nova York, Delacorte Press, 2009), de Terri Orbuch.

Os resultados mais incríveis da pesquisa sobre gratidão encontram-se no livro *Vom Glück, dankbar zu sein* [Agradeça e seja Feliz! Como a Ciência da Gratidão pode Mudar sua Vida para Melhor] (Campus Verlag, Frankfurt, 2008), do professor norte-americano de Psicologia Robert A. Emmons (Universidade da Califórnia). Há 25 anos, a pesquisa sobre gratidão e suas relações com a felicidade, a saúde e a formação da personalidade é o foco de sua atividade científica.

Sobre o uso do celular e o sexo, existem algumas sondagens que são motivo de preocupação. O fato de 10% dos norte-americanos já terem usado o *smartphone* durante o sexo remonta a uma pesquisa de 2013 (*http://mashable.com/2013/07/11/smartphones-during-sex/*).

Um estudo britânico chegou a números bem mais elevados. Segundo ele, 62% das mulheres já teriam usado o *smartphone* durante a relação sexual (*http://www.dailymail.co.uk/femail/article-2375128/62-British-women-admit-checking-mobile-phones-sex.html*).

PARTE III

EQUÍVOCO Nº 29: O HOMEM É O CAÇADOR, E A MULHER, A CAÇA.

Em relação ao comportamento de homens e mulheres no flerte, é muito interessante o estudo da conhecida antropóloga norte-americana Helen Fisher, em sua obra de referência *Anatomie der Liebe* [Anatomia do Amor] (Munique, Droemer Knaur Verlag, 1993). Com base em estudos interculturais, ela conclui que muitas vezes são as mulheres a enviar os primeiros sinais de simpatia. Em minha experiência com a terapia de solteiros, também obtive esse claro resultado, confirmado nas mais de 2 mil histórias reais de amor que reuni nos últimos 25 anos.

Na terapia, costuma chamar minha atenção o princípio da escolha por similaridade com o progenitor do sexo oposto. Cerca de 80% das pessoas escolhem assim. Os outros 20% escolhem por oposição, em geral porque têm um bom motivo para isso: na maioria das vezes essas pessoas não tiveram um bom relacionamento com o progenitor do sexo oposto. A escolha por similaridade com o pai ou a mãe costuma basear-se na cor dos cabelos, na dimensão corporal e na estatura. Nas pesquisas, também pode ser comprovada em relação ao rosto do parceiro ou da parceira. Para tanto, pesquisadores húngaros mediram as proporções físicas de um total de 312 voluntários. Entre outras coisas, mediram o comprimento e a largura do rosto, a distância entre os olhos, o comprimento e a largura do nariz e a largura do queixo. O resultado foi uma nítida relação entre os traços do rosto do pai e os do parceiro das filhas, bem como entre os traços do rosto da mãe e os da parceira dos filhos. A esse respeito, vale a pena consultar o site: *www.spiegel.de/wissenschaft/mensch/auffallende-aehnlichkeit-gesichter-der-eltern-beeinflussen-partnerwahl-a-575994.html.*

EQUÍVOCO Nº 30: O NÚMERO DE SOLTEIROS CRESCE SEM PARAR.

A melhor compilação de diferentes estudos sobre o número de solteiros na Alemanha foi feita pela socióloga Sonja Deml em seu livro *Singles: Einsame Herzen oder egoistische Hedonisten? Eine kritische und empirische Studie* [Solteiros: Corações Solitários ou Hedonistas Egoístas? Um Estudo Crítico e Empírico] (Freiburg, Centaurus, 2010).

Os dados sobre o adiamento da idade para se casar nas últimas duas décadas foram extraídos do livro de Annabel Dillig, *Diesen Partner in den Warenkorb legen. Das neue Liebesverständnis einer vernünftigen Generation* [Colocar Este Parceiro na Cesta de Compras. A Nova Compreensão do Amor por uma Geração Racional] (Munique, Blanvalet, 2012). A redatora da revista *NEON* merece reconhecimento por ter reunido uma série de interessantes fatos sociológicos acerca da busca pelo parceiro por parte de pessoas entre 30 e 40 anos.

EQUÍVOCO Nº 31: RELACIONAMENTOS PELA INTERNET SÃO SUPERFICIAIS E NADA ROMÂNTICOS.

Em um estudo abrangente, realizado ao longo de sete anos (de 2005 a 2012), uma equipe de pesquisadores, reunida em torno do psicólogo John Cacioppo, da Universidade de Chicago, investigou a fundo a questão sobre como a internet altera a busca do parceiro (*http://www.pnas.org/content/early/2013/05/31/1222447110.abstract*). Os resultados despertaram grande interesse na Alemanha e foram relatados em detalhe, por exemplo, pelo *Süddeutsche Zeitung* (*http://www.sueddeutsche.de/wissen/studie-zum-online-dating-wenn-algorithmen--ehen-stiften-1.1687796*).

EQUÍVOCO Nº 32: EXISTE AMOR À PRIMEIRA VISTA.

O estudo de Ben Jones sobre o amor à primeira vista pode ser encontrado na internet em *www.welt.de*, *www.morgenpost.de* e *theguardian.com*. O psicólogo Lars Penke, da Universidade Humboldt, de Berlim, pesquisou a busca por parceiros através do *speed-dating*, fornecendo uma interessante indicação de quanto tempo leva até sentirmos se achamos uma pessoa simpática ou não. O tempo gira em torno de trezentos a quinhentos milésimos de segundo. Depois de iniciada uma conversa, em trinta segundos já formamos uma ideia do caráter e da inteligência de nosso interlocutor (*http://www.planet-interview.de/interviews/lars-penke/34410/*).

EQUÍVOCO Nº 34: OS HOMENS SÃO RACIONAIS.

Há muitos anos defendo a tese de que, em matéria de amor, os homens recorrem muito mais do que as mulheres aos clichês de amor romântico. Para essa opinião contribuíram as inúmeras sessões de terapia com solteiros e solteiras que conduzi nos últimos quinze anos. Nelas, a tendência dos homens ao clichê romântico sempre foi muito evidente. A publicação do livro *5 Simple Steps to Take Your Marriage from Good to Great* [Como Melhorar seu Casamento em 5 Passos] (Nova York, Delacorte Press, 2009), de Terri Orbuch, comprovou de maneira totalmente empírica essa visão da busca pelo parceiro por parte de homens e mulheres.

Os números sobre a proporção de homens e mulheres que dizem "eu te amo" no primeiro encontro foram extraídos de uma pesquisa do Allensbach Institut e podem ser consultados na revista *Spiegel Wissen* (2/2012).

Os estudos do psicólogo Lars Penke, da Universidade Humboldt, em Berlim, também demonstram que, nos encontros, as mulheres são visivelmente mais seletivas do que os homens. Para chegar a essa conclusão, ele pesquisou a busca pelo parceiro através do chamado *speed-dating* (*http://www.planet-interview.de/interviews/lars-penke/34410/*). Ao longo desse tempo, Lars Penke tornou-se professor de Psicologia Biológica da Personalidade e Diagnóstico na Universidade de Göttingen.

EQUÍVOCO Nº 35: SE VOCÊ AMAR A SI MESMO, POUCO IMPORTA COM QUEM IRÁ SE CASAR.

Um metaestudo do professor Michael Wagner, sociólogo de Colônia, e de Bernd Weiß, no qual 42 estudos isolados foram avaliados, chegou ao resultado de que mulheres em idade mais avançada sabem escolher melhor e de que seus relacionamentos são mais estáveis (*Bilanz der deutschen Scheidungsforschung. Versuch einer Meta-Analyse. Zeitschrift für Soziologie* [Balanço da Pesquisa Alemã sobre o Divórcio. Tentativa de uma Meta-análise. *Revista de Sociologia*], caderno 1, fevereiro de 2003, p. 29-49).

As pesquisas do professor Hartmut Esser, sociólogo de Mannheim que estuda a família, também conduzem ao princípio "cada qual com seu igual", princípio esse que a ciência corroborou inúmeras vezes. A esse respeito, vale a pena ler o seguinte artigo: *http://www.focus.de/panorama/boulevard/gesellschaft-welche-ehe--haelt-wie-lange_aid_194737.html.*

Outra leitura que vale a pena é a do livro *Der geheime Code der Liebe* [O Código Secreto do Amor], de Julia Peirano e Sandra Konrad (Berlim, List Verlag, 2011). Julia Peirano é uma das poucas terapeutas *alemãs* que conseguiu chamar a atenção para pesquisas válidas – e próprias – quanto à sua visão sobre o processo da busca por um parceiro.

Pesquisadores da Universidade de Iowa investigaram o fato de que, na busca pelo parceiro, muitas pessoas prestam demasiada atenção nas opiniões e convicções do outro, e não em seus traços de caráter: *www.welt.de/print-welt/article95171/Partnersuche-basiert--auf-dem-Prinzip-der-Aehnlichkeitswahl.html.*

EQUÍVOCO Nº 36: MULHERES BONITAS TÊM MAIS CHANCES DE ENCONTRAR UM PARCEIRO.

O fato de muitas vezes dois parceiros serem igualmente atraentes é conhecido e bem pesquisado há muito tempo. Há trinta anos o psicólogo Alan Feingold ocupa-se da influência da beleza externa na vida das pessoas. Em um estudo realizado na Universidade de Yale (New Haven, Connecticut), no qual foram avaliados os resultados de dezenove estudos com mais de 1.600 casais, ele conseguiu demonstrar que quem é bonito também costuma ter um companheiro ou companheira de igual beleza. Aos de aparência mediana cabe uma cara-metade de aparência igualmente mediana. Nesse caso, a relação é moderada, ou seja, é natural que existam exceções. Na pesquisa, esse efeito é conhecido sob a designação de "*matching* de atratividade" (*http://www.sciencegarden.de/content/2004-09/liebe-auf-den-ersten-blick*).

A citação de Christian Morgenstern foi extraída do livro *Stufen. Eine Entwickelung in Aphorismen und Tagebuch-Notizen* [Degraus. Uma Progressão em Aforismos e Anotações Diárias] (Munique, Piper, 1918). *On-line* no endereço: *http://gutenberg.spiegel.de/buch/323/5.*

Impresso por :

gráfica e editora

Tel.:11 2769-9056